Marlit Hoffmanns neue Tricks

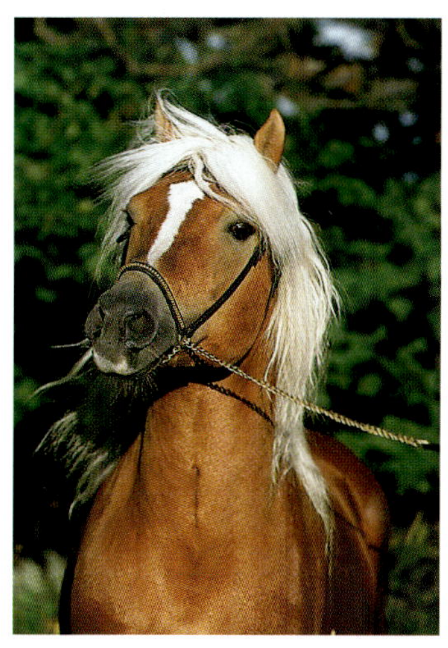

Profitipps
zur besseren
Pferdehaltung

KOSMOS

Vorwort

Im Laufe der Entwicklungsgeschichte der Pferde hat ihre Beziehung zum Menschen eine große Wandlung durchlaufen. In der Urzeit wurde das Pferd von den ersten Menschen als Nahrung erlegt. Später wurde es als Reitpferd bei der Jagd und im Krieg eingesetzt und als Zugpferd im Ackerbau und beim Transport schwerer Lasten genutzt. Bis zum Ende des Zweiten Weltkrieges wurde das Pferd in unzähligen Kriegen gebraucht und hatte geholfen, ganze Kontinente zu erobern. Nach dem Zweiten Weltkrieg musste es beim Wiederaufbau der Städte und in der Landwirtschaft helfen, bis es von der zunehmenden Motorisierung fast bis zur Bedeutungslosigkeit verdrängt wurde. 1970 gab es in Deutschland beispielsweise nur noch ca. 250 000 Pferde (Quelle FN), die meisten davon in der Landwirtschaft, vor allem in bergigen Gegenden.

Viele Kleinbauern begannen neben der allgemeinen Viehhaltung mit der Pferdezucht. Mit zunehmendem Wohlstand kamen neue Pferderassen ins Land, hauptsächlich Kleinpferde um 140–150 cm Stockmaß, die über die Woche im bäuerlichen Betrieb arbeiteten und sonntags zum Spazierenreiten genutzt wurden. Leute mit kleinem Einkommen in ländlichem Gebiet konnten sich bald ihr Pony hinterm Haus halten, weil trotz aufkommender Motorisierung abschüssige oder baumbestandene Ländereien für Traktoren nicht nutzbar und damit unrentabel wurden (und noch sind). Im Jahre 2000 gab es ca. 700 000 Pferde, fast ausschließlich Hobbypferde:

- im Turniersport (Reiten, Fahren etc.),
- in der Zucht (wenige große Gestüte, meist Hobbyzüchter)
- und in der Mehrzahl als Freizeit-Geländepferde.

Die meisten Pferde werden heute rasseunabhängig in bäuerlichen Pensionsstallungen und großen Reitanlagen gehalten. Aber fast alle Hobby-Geländereiter nehmen hohe Unkosten, Unbequemlichkeit und großen Zeitaufwand in Kauf, um ihre Pferde in eigener Verantwortung in Hausnähe zu halten; selbst Umzüge aufs Land und lange Anfahrtswege zur Arbeitsstätte mit allen damit verbundenen Freuden, aber auch Sorgen und Problemen werden nicht gescheut.

Leider sind nur wenige dieser Neu-Landwirte mit Pferden aufgewachsen und haben von Eltern und Großeltern den Umgang mit diesen sanften, aber kräftigen Vierbeinern gelernt. Selbst junge Vollerwerbslandwirte der heutigen Generation sind zwar mit Rindvieh-, Schweine- und Geflügelhaltung vertraut, aber in der Pferdehaltung (Bedürfnisse der Pferde, Umgang, Fütterung) absolut unerfahren.

Mit dem Kauf eines Pferdes, der Anschaffung des entsprechenden Zubehörs und (hoffentlich!) dem Abschluss entsprechender Versicherungen, glauben die frischgebackenen Pferdebesitzer, sei das Wichtigste getan. In Wirklichkeit tauchen schon in den ersten Tagen als Pferdehalter und -besitzer bald unzählige Fragen auf, und täglich kommen neue dazu – oft ganz banale, alltägliche Vorfälle, die sich aber zu großen Problemen auswachsen können, wenn man niemanden findet, der all die „kleinen" Alltagssorgen ernst nimmt und für Laien nachvollziehbare Ratschläge gibt.

All diese Probleme sind mir von Freunden, Bekannten, aus eigener Erfahrung und nach über 30-jähriger Beantwortung von tausenden Leseranfragen der Fachzeitschrift „Freizeit im Sattel" bestens bekannt. Auch meine Familie und ich sind ohne Vorkenntnisse (und wie so oft aus Mitleid) zu Pferdebesitzern geworden und haben anfangs viele Fehler gemacht. Wir hatten das große Glück, in der Nähe erfahrene Ratgeber zu finden, und lernten außerdem bald, uns in Lehrgängen und über Pferdefachzeitschriften und Bücher weiterzubilden.

Unsere anfangs bitteren Erfahrungen wollen wir Ihnen und Ihrem Pferd ersparen helfen. Deshalb habe ich die am häufigsten gestellten Fragen (und Antworten) über all die Jahre gesammelt, in Themenbereiche zusammengefasst, durch zahlreiche Fotos ergänzt und in diesem Buch sowie in der „Trickkiste" (*Profi-Tipps zum besseren Reiten*) für jedermann zum Nachschlagen festgehalten.

Nicht nur der Neuling in der Pferdehaltung – ob in eigener Regie oder im Pensionsstall –, sondern auch langjährige Pferdebesitzer und -halter werden sicher noch manchen praktischen Tipp finden.

Was ist vor allem zu beachten?

Seit Jahrtausenden leben Pferde in mehr oder weniger großen Herden zusammen, weil sie nur so eine Chance zum Überleben in freier Wildbahn hatten. Wie die meisten Pflanzen fressenden Säugetiere sind sie Fluchttiere, die

Erste Begegnung

trotz Domestikation noch immer ein großes Bewegungsbedürfnis haben. Denn all unsere heutigen Pferde stammen von Vorfahren ab, die durch Mut, Klugheit, Gesundheit und ständiges Lauf- und Kampftraining überlebten und sich fortpflanzen konnten. Aber auch nach Jahrtausenden der Domestikation haben unsere Hauspferde noch dieselben Grundbedürfnisse, die den Vorfahren beim Überleben halfen:

- Licht, Luft und große Weideflächen zum Befriedigen des Laufbedürfnisses,
- jahreszeitlich bedingter Wechsel von Sonne und Regen, Wärme und Kälte, um gesund zu bleiben,
- sowie harten und weichen, nassen und trockenen Boden für Hufwachstum und Hufgesundheit,

damit sie zu jeder Zeit fähig sind, vor Feinden zu fliehen oder – wenn nicht anders möglich – sich ihnen im Kampf zu stellen.

Das Verdauungssystem der Equiden verlangt eine stetige, aber geringe Futteraufnahme, viel Rau- und wenig Eiweißfutter und die Chance, sich gesund erhaltende Kräuter und Gräser nach Bedarf auf ihrer Weide suchen zu können.

Eine Wechselbeweidung der Pferde (Einhufer) mit (gesunden!) Paarhufern oder in unserem Klima recht seltenen Sohlengängern hilft die Gesundheit zu erhalten: Jede der Tierarten hat unterschiedliche Fressgewohnheiten (Abbeißen, Abreißen ...) und bevorzugt andere Gräser und Kräuter (selektive Futtersuche), so dass die Wechselweide eine deutlich bessere Artenvielfalt aufweist als eine über Jahre nur von einer Tierart genutzte Weide.

Viele Parasiten, denen alle Tiere mehr oder weniger ausgesetzt sind, sind außerdem wirtspezifisch (sie gehen im Verdauungssystem anderer Tierarten zu Grunde), so dass nicht so viele Wurmkuren (chemische Keule) nötig sind wie bei einseitiger Beweidung.

Wie urwüchsig die meisten unserer Pferde trotz jahrtausendealter Domestikation sind, beweisen beispielsweise die Mustangs in Amerika oder die Brumbees in Australien sowie die Pferde, die sich in den Kriegswirren jahrelang in Wäldern aufhielten und ohne menschliche Zufütterung und Betreuung überlebten.

Heute, im 21. Jahrhundert, leben viele Pferde im „goldenen Käfig“, verhätschelt und oft zu Tode gefüttert aus lauter Liebe.

Leider können Pferde nicht mit Worten ausdrücken, wo und wie sie gerne leben wollen und was ihnen Unbehagen bereitet. Pferde leiden stumm. Nur der gute Beobachter erkennt an Gesichtsausdruck, Körperhaltung und Gebaren des Pferdes, wie es ihm geht.

Wenn man die Bedürfnisse des Pferdes beachtet und als Mensch das ranghöchste Herdenmitglied ist, wird man auf Dauer Freude an seinem zufriedenen, gesunden und leistungswilligen Vierbeiner haben.Die meisten Probleme entstehen aus Unwissenheit und mangelnder Erfahrung, nicht aus böser Absicht.

Das neue Pferd

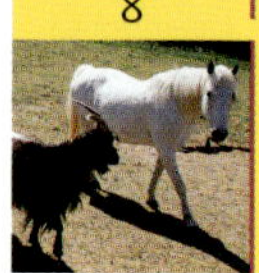

Das neue Pferd

Eingliederung in eine Herdengemeinschaft

Frage

Wir sind eine Stallgemeinschaft, die zusammen mehrere Ponys und Pferde in einem geräumigen Offenstall hält, und wir sind alle bisher prima miteinander ausgekommen. Die Pferde stehen schon seit Jahren zusammen und sind ebenfalls eine verschworene Gemeinschaft. Gestern kaufte ich – Liebe auf den ersten Blick – eine Lipizzanerstute, die bisher auch in einem Offenstall lebte. Nun habe ich Angst, sie einfach zu unseren Pferden zu stellen, weil sie eine starke Persönlichkeit ist und sich gewiss nicht unterordnen will. Aber spätestens in zwei Wochen muss ich sie abholen und zur Herde stellen. Wissen Sie vielleicht ein paar Tricks, wie wir Schlimmes verhüten können?

„Bitte, tu mir nichts", signalisiert das Fohlen der fremden Stute gegenüber.

Antwort

Das Eingliedern eines Fohlens in eine bestehende Herdengemeinschaft ist relativ einfach, weil sich Fohlen schnell unterordnen und dank der Unterwürfigkeitsgeste auch keine schlimmen Kämpfe auszustehen haben. Wenn man die Kleinen noch zusätzlich mit dem Kot des Leittieres einreibt, ist der fremde Stallgeruch durch vertrauten überdeckt. Schon nach wenigen Tagen hat das Fohlen den neuen Stallgeruch angenommen.

Bei einem ausgewachsenen und besonders ranghohen Pferd wird es in der neuen Stallgemeinschaft gewiss Probleme geben, die sich bei aller Vorsicht nicht ganz vermeiden lassen, weil ja der Rang eines neuen Pferdes innerhalb der Herde festgelegt werden muss. Um Verletzungen so gut wie möglich zu vermeiden, sollten allen Pferden die Hintereisen abgenommen und Koppelzaun und Hütte gründlich auf Verletzungsgefahren hin untersucht werden.

Verfügen Sie über eine große Koppel mit Büschen und Bäumen, stellen Sie die Lipizzanerstute – möglichst früh am Tag, damit sie alles erkunden kann, bevor es dunkel wird – alleine auf die Weide, damit sie in Ruhe und von den anderen unbehelligt einige Runden laufen kann, um Zaun, Unterstand und Wasserstelle kennen zu lernen. Holen Sie dann das ranghöchste Pferd der Altherde dazu und lassen Sie beide einander beschnuppern, um ihren gegenseitigen Geruch aufzunehmen. Dann dürfen die beiden – zunächst mit Stallhalfter, damit Sie schnell mal zupacken können – frei laufen. Der Herdenchef wird sich nach einigen Drohgebärden und Scheinattacken bald dem Futter widmen, weil er zur Zeit keine Herde um sich hat, die er gegen den Eindringling verteidigen muss. Diese beiden sollen nun über mehrere Tage – ohne Halfter oder mit einem BL Sicherheitshalfter – zusammen, aber noch ohne die anderen Pferde auf der Wiese bleiben, bis sie sich gegenseitig akezptieren und durch Kraulen zeigen, dass sie Freundschaft miteinander geschlossen haben.

Erst dann, über mehrere Tage verteilt, lassen Sie Stück für Stück die anderen Pferde dazu. Zwar wird es Rangeleien um die Stellung innerhalb der neuen Herdengemeinschaft geben, aber diese fallen deutlich milder aus, wenn der Herdenchef die neue Stute bereits akzeptiert hat. Im Laufe von ein bis zwei Wochen kehrt Ruhe ein, weil die Neue nicht mehr fremd riecht und die Rangordnung wieder hergestellt ist.

Schwieriger wird es, wenn Sie die Stute in einen Offenstall mit Auslauf zu einer bestehenden Herde stellen müssen, denn das neue Pferd hat dort kaum Ausweichmöglichkeiten, wenn andere es bedrängen.

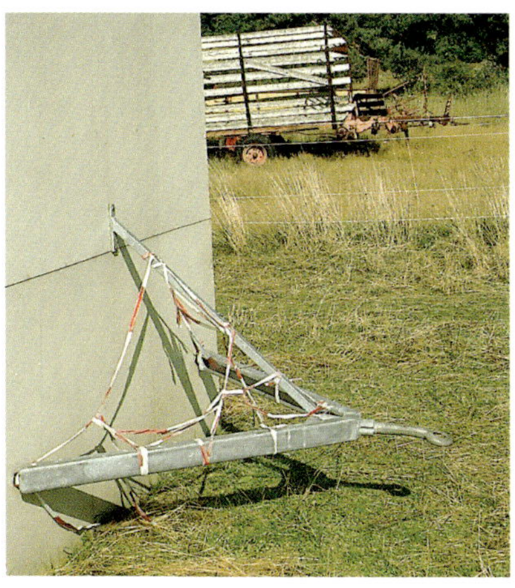

Das kann gefährlich werden!

Wenn der Auslauf am Offenstall keine Büsche oder Bäume zum zeitweiligen Zurückziehen aufweist, sollten Sie die Stute zunächst in einer Box unterbringen, wo sich die Pferde sehen und beschnuppern können, die Lipizzanerin aber vor Aggressionen geschützt ist. So haben die Pferde Gelegenheit, sich gefahrlos kennen zu lernen und ihren Stallgeruch aneinander anzupassen. Ist keine Box vorhanden, funktionieren Sie mit Stangen den Offenstall für einige Tage zu einer Box um. Sie

Aggressive Pferde können einen Neuankömmling nicht in eine Ecke treiben, wenn diese abgerundet ist.

müssen aber darauf achten, dass sowohl das eingesperrte Pferd als auch die Herde stets Zugang zu frischem Wasser hat.

Sorgen Sie in der Zwischenzeit mit Stangenabsperrungen (siehe Abbildung Seite 9) dafür, dass im Auslauf die Ecken abgerundet werden, damit aggressive Pferde den Neuling nicht in eine Ecke treiben und dort verprügeln oder durch den Zaun jagen können. Nach einigen Tagen des schützenden Trennens lassen Sie die Pferde dann – zunächst unter Aufsicht und nur tagsüber – zusammen, bis sie sich aneinander gewöhnt und ihre neue Rangordnung gefunden haben.Das Eingliedern wird leichter, wenn Ihre Stute zu diesem Zeitpunkt rossig ist. Stuten interessieren sich ebenso für rossige Artgenossinnen wie Wallache, die wegen der Rosse besonders freundlich gestimmt sind. Die Lipizzanerin wird die Gelegenheit nutzen und ihre Freundschaft gerne anbieten.

Sie müssen auf jeden Fall in der nächsten Zeit die Herde häufig und sorgfältig beobachten. Denn leider gibt es Pferde, die in der Jugend nicht artgerecht in einer Herde aufwuchsen und ein natürliches Herdenverhalten mit Einordnen, Unterordnen und Anpassen nicht kennen gelernt haben. Diese Pferde kennen und akzeptieren keine Unterwürfigkeitszeichen und beanspruchen eine große Individualdistanz, die oft wegen beschränkter Freifläche in Paddock und Offenstall gar nicht einzuhalten ist. Sonst sanfte Pferde können dann zu Furien werden und, ungehemmt, sich selbst und die anderen gefährlich verletzen. Sogar Todesfälle hat es deswegen schon gegeben.

Weide- und Stallgefährten

FRAGE

Wir möchten eine Reitponystute kaufen, können aber zur Zeit kein weiteres Pferd dazustellen. Später soll Mira vielleicht mal ein Fohlen bekommen, aber vorerst müssen wir ihr andere Weidegefährten als Gesellschafter anbieten.Welche Tierarten können Sie empfehlen? Freunde von uns meinen, Ziegen wären der ideale Partner für Einzelpferde.

ANTWORT

Pferde sind Herdentiere, denen man bitter Unrecht tut, wenn sie Stall und Weide alleine bewohnen müssen. Um sich sicher und geborgen zu fühlen, brauchen sie Gefährten, mit denen sie sozialen Kontakt aufnehmen und sich gegenseitig das Fell pflegen können an Körperstellen, die sie selbst mit Zähnen und Hufen nicht erreichen.

Wenn als Weidegesellschaft zur Zeit kein weiteres Pferd herbeigeholt werden kann, schließt ein Pferd auch mit anderen Tieren Freundschaft.Fragen Sie Bauern der Umgebung, ob Ihre Ponystute vielleicht zusammen mit deren – gesunden – Rindern weiden kann. Mitunter schließen Pferde und Rinder sogar Freundschaft, obwohl die „Sprache“ der beiden Tierarten sich deutlich voneinander unterscheidet.

Der gemeinsame Weidegang von Einhufern (Pferd) mit Paarhufern (Rind, Schaf, Ziege) ist aus der Sicht der Weidenutzung fast ideal, weil sich die Tiere in ihren Fressgewohnheiten voneinander unterscheiden und damit ergänzen: Pferde beißen mit ihrem

Gegenseitige Fellpflege schafft Wohlbehagen und vertieft die Freundschaft.

zangenähnlichen Gebiss die Gräser dicht über dem Erdboden ab, was der Weidenarbe bei zu langer Beweidung schadet.

Rinder und Ziegen dagegen raffen das Gras mit der Zunge zu kleinen Büscheln zusammen und rupfen es ab, weshalb immer einige Zentimeter stehen bleiben. Schafe können zwar wie Pferde das Gras sehr tief verbeißen, sind aber bei genügend Weidefläche so wählerisch, dass Gras und Kräuter keinen Schaden nehmen.

Ein weiteres Plus für verschiedene Tierarten auf der Weide ist die Auswahl der Gräser und Kräuter: jede Tierart hat einen anderen Geschmack, so dass die Weide deutlich gleichmäßiger abgeweidet wird und artenreich wieder nachwachsen kann. Die Bildung von nutzlosen Geilstellen unterbleibt, weil die Tiere die Plätze, wo sie selbst Kot und Urin absetzten, meiden, die Kot- und Urinstellen der anderen Spezies aber abweiden.

Da viele Parasiten der Paarhufer im Einhufermagen und umgekehrt Einhuferparasiten im Widerkäuermagen zu Grunde gehen, kann die Zahl der Wurmkuren deutlich vermindert werden, die bei einseitiger Beweidung mit immer der gleichen Tierart sonst mehrfach im Jahr zur Gesunderhaltung notwendig sind.

Aus diesem Grund sind Rinder, Schafe, Ziegen und die in Mode gekommenen Lamas und Alpakas als Weidegefährten zu empfehlen,wenn

- alle Tiere aus gesunden Beständen stammen,
- die Zäune entsprechend umgerüstet werden,
- diese verschiedenen Tierarten sich untereinander vertragen oder
- man die Möglichkeit hat, sie getrennt voneinander über die Weiden zu schicken.

Herausragender Vorteil der Wechselbeweidung:

Pferde, die zu Hufrehe oder Verfettung neigen, schickt man erst nach den Paarhufern oder Sohlengängern auf die Weide, weil dann das eiweißreiche, besonders nahrhafte erste Grün abgefressen ist.

Problematisch kann die gemeinsame gleichzeitige Weidehaltung werden, wenn das Pferd – vor allem das männliche – spielen und raufen will oder den Drang zur Herdenbildung mit

Eine kunterbunte Herde: Pony, Ziege, Schafe und Gänse nutzen gemeinsam die Weide.

Treiben hat, mit Gesten, die andersartige Weidebenutzer nicht verstehen.

Während ein Jungpferd auf sein Recht, mit den Weidegefährten zu spielen, besteht, merken ältere Pferde meist schnell, dass Schafe, Ziegen, Rinder oder Lamas nicht nach Pferdeart spielen, wollen und können. Und dass selbst Zwergziegen sich auf ihre Art gegen Zudringlichkeiten zu wehren wissen: Entweder verstecken sie sich flink oder stoßen mit ihren spitzen Hörnern blitzschnell und spürbar zu.

Obwohl sich die meisten zwangsweise zusammengestellten Tiere irgendwie arrangieren, sollen doch einige üble Zwischenfälle erwähnt werden, auch wenn sie selten vorkommen:

- Beim Nachlaufen oder der Aufforderung zum Spiel kann es zu unbeabsichtigten Verletzungen an den kleineren Weidegefährten kommen.
- Eine kleine Schafherde mit Bock kann so mutig werden, dass sie ihrerseits Pferde jagt, vor allem wenn's um Zusatzfutter geht.
- Leider und sehr zum Missfallen der Pferdebesitzer knabbern Schafe und Ziegen gerne an den Langhaaren der Pferde.

Es gibt genug Beweise, dass Schafe und Ziegen treue Weidegenossen für die Pferde werden. Aber man muss eine solche Zweckgemeinschaft immer im Auge behalten, wenn man Tiere so unterschiedlicher Wesensart zusammenzwingt.

▶ Hunde können treue Freundschaft zu Pferden pflegen, obwohl sie ihrer Natur nach Jäger sind, die Pferde aber zu den Gejagten zählen, also eine völlig andere „Sprache" sprechen. Sobald aber ein Hund begriffen hat, dass Pferde wie Menschen nicht gejagt werden dürfen, wird er das auch akzeptieren. Schließlich haben alle Hirtenhunde begriffen, dass sie nur dann jagen (einkreisen, treiben) dürfen, wenn es der Mensch ausdrücklich erlaubt. Ein wohlerzogener, dem Pferd wohlvertrauter Hund kann durchaus im Stall wohnen und bei Ausritten als Begleithund mitlaufen.

▶ Bei unserem Ponyfest in Schönbach erlebe ich immer wieder, mit welcher Selbstverständlichkeit die vielen einander fremden Hunde und mehr als 300 Pferde und Ponys ohne Gefahr zusammen auskommen. Und das an Tagen, wo wegen der vielen Zuschauer und der allgemeinen Aufregung eine besonders gespannte Atmosphäre herrscht.

▶ Ein Hund kann also durchaus einem einzeln gehaltenen Pferd Gesellschafter sein, wenn auch mit gewissen Einschränkungen.

▶ Von Schweinen, Hühnern, Gänsen Katzen und Kaninchen als Partner für Pferde wurde auch schon berichtet. Aber die Lebensgewohnheiten liegen so weit auseinander, dass ich an echte

Freundschaft auch im Notfall nicht glauben kann.

- Der Mensch als einziger Gesellschafter für das Pferd kommt nur dann in Frage, wenn er sozusagen rund um die Uhr bei seinem Pferd sein und sich mit ihm beschäftigen kann
- Kinder können keinesfalls einen anderen Weidegefährten ersetzen, weil sie Gefahren, die auch vom bravsten Pferd ausgehen, nicht allein verantwortlich abschätzen können.

Natürlich stirbt ein Pferd nicht, wenn es alleine stehen muss. Es wird sich in seiner Not so eng wie möglich den Menschen anschließen, aber es wird immer aufgeregt suchen, sobald es Pferdegetrappel oder Wiehern hört. Erst dann merkt man, was man einem einzeln gehaltenen Pferd eigentlich antut: Es fristet entgegen seiner Natur ein Leben in völliger Isolation.

Bei den Landwirten früher war es einfach eine Geldfrage, ob sie sich ein zweites Arbeitspferd leisten konnten. Aber dieses eine Pferd arbeitete tagtäglich mit „seinem" Bauern zusammen und war in den Ruhepausen müde genug, um auch alleine zufrieden vor sich hin zu dösen.

Auch heute können sich viele Pferdefreunde nur ein Pferd leisten. Aber jetzt gibt es meist in der Nachbarschaft weitere Pferdenarren, mit denen man sich zu einer Weide- und Arbeitsgemeinschaft (mit Vertrag!) zusammentun kann. Dann hat jeder sein eigenes Pferd, aber keines muss alleine stehen. Die Besitzer können zu verschiedenen Zeiten über mehrere Tage beruhigt in Urlaub fahren und wissen ihr Pferd derweil in besten Händen und vertrauter Umgebung.

Spielgefährten für Kinder?

▶ Kinder und Fohlen

Frage

Wir könnten die Shettystute Susi mit ihrem entzückenden Hengstfohlen Racker kaufen und haben uns gedacht, dass vor allem das Fohlen ein herrlicher Spielkamerad für unsere Kinder (6 und 8 Jahre alt) sein wird. Unser Nachbar meint nun, Fohlen seien keineswegs ein Spielzeug, auch wenn sie noch so klein wären und niedlich aussehen. Aber in Büchern liest man doch immer wieder, dass Ponys eigens als Spieltiere für Kinder gezüchtet werden. Wer hat denn nun Recht?

Antwort

Shetlandponys sind kleine Pferdepersönlichkeiten, die genau wie jedes andere Pferd behandelt werden müssen. Fohlen dieser kleinen Pferderasse

Shetlandponys sind nur dann ideale „Spielgefährten" für Kinder, wenn Erwachsene dabei sind.

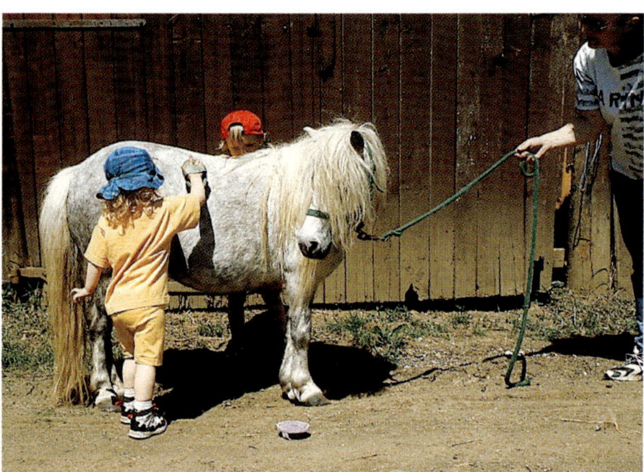

Unter der Aufsicht von Erwachsenen dürfen die Kleinen an einem geduldigen Shetty die Putzbürste schwingen.

sehen im dicken Fohlenpelz mit dem runden, kindlichen Kopf und den großen Augen wie Steifftiere aus. Auch die kleinsten sind jedoch echte Pferde und wie solche zu behandeln, können aber herrliche Freizeitkameraden sein, mit denen Kinder umgehen können, wenn sie einige Grundregeln beachten.

Alle Pferde, auch die Mini-Ponys und deren Fohlen, müssen angesprochen werden, bevor man sich ihnen nähert, weil sie beim Erschrecken heftig ausschlagen können. Man muss dabei keine Geschichten erzählen; es genügt ein „Hallo", damit die Pferde wissen, dass jetzt jemand kommt, der ihnen nichts Böses will.

Ihr Pony freut sich, wenn es von den Kindern ausgiebig geputzt wird, und auch der kleine Racker wird die Bürste bald genießen.

Ihre Kinder müssen lernen, auf keinen Fall auf der Koppel herumzurennen oder den Ponys hinterherzulaufen. Für alle Pferde, unabhängig von Größe und Rasse, vor allem aber für Hengstfohlen, bedeutet das eine Aufforderung zum Spielen auf Pferdeart: nämlich sich gegenseitig mit Beißen und Ausschlagen zum Rennen aufzufordern. Das könnte für Ihre Kinder sehr schmerzhaft und gefährlich werden. Das Hengstfohlen wird außerdem mit zunehmendem Alter frecher. Selbst kleine Ponyhufe können äußerst schmerzhaft zuschlagen und Fohlenzähne empfindlich beißen. Wenn dann die Kinder Angst bekommen und vor dem Fohlen weglaufen, hat es schnell begriffen, dass es Menschen jagen kann. Dann wird es dieses interessante Spiel immer wieder versuchen. Im Handumdrehen wird ein süßes Fohlen auf diese Art zum gefürchteten Beißer und Schläger, dem auf der Koppel jeder ausweicht und der als ausgewachsenes Pferd dann nur zu oft beim Schlachter landet.

Warnung:

Machen Sie Ihren Kindern und auch den Bekannten klar, dass Ponys keine „Abfalleimer" sind und das ständige Füttern von Naschereien ein Pferd oder Pony verderben kann.

Zum einen ist es gewiss nicht gesund, wenn unkontrolliert viele Küchenabfälle (oft verschimmelt, verfault, angegoren oder gar noch in Papier gewickelt) und Zuckerstückchen in den empfindlichen Pferdemagen wandern. Zum anderen kann das Betteln so schlimme Formen annehmen, dass ein Fohlen oder später auch das ausgewachsene Pferd aggressiv seinen „Wegezoll" fordert.
Fohlen fühlen sich mehr zu Kindern als zu Erwachsenen hingezogen, erlauben sich Jugendlichen gegenüber

> **Warnung:**
>
> Kinder und Fohlen gehören nur unter Aufsicht zusammen, auch wenn die Fohlen noch so winzig sind. Dann allerdings kann die Begegnung für beide beglückend sein.

aber auch mehr Frechheiten. Kinder müssen unter Aufsicht lernen, damit umzugehen, vor allem wenn ein Fohlen keine Gesellschaft Gleichaltriger hat, mit denen zusammen es sich austoben kann, und wenn es in Rangordnungskämpfen versucht, sich zum Chef über die jungen Zweibeiner aufzuschwingen. Eltern oder andere erfahrene Erwachsene müssen Kinder und Fohlen ständig im Auge behalten und hin und wieder erklärend und warnend eingreifen.

Kinder und ausgewachsene Pferde

Frage

Wir haben uns ein Gespann Schwarzwälder Füchse gekauft und sind begeistert von der Liebenswürdigkeit der Dicken. Unseren Kindern (sechs und acht Jahre alt) gefallen die beiden sehr, und sie möchten am liebsten dauernd mit ihnen zusammen sein. Obwohl wir es streng verboten haben, schleichen sie oft auf die Koppel. Deshalb leben wir in ständiger Angst, die Pferde könnten die Kinder umrennen oder im Erschrecken nach ihnen

Spielende Pferde darf man nicht stören.

ausschlagen. Wie können wir Kinder und Pferde so miteinander vertraut machen, dass Unfallmöglichkeiten ausgeschlossen sind?

Antwort

Schwarzwälder Füchse zählen von der Rasse und dem Zuchtziel her zu den „kaltblütigen" Pferden, die so schnell nichts aus der Ruhe bringt. Trotzdem sind Unfälle auch mit den ruhigsten Pferden nie ganz auszuschließen.

Ihre Kinder sind schon alt genug, um über mögliche Gefahren aufgeklärt zu werden. Zeigen Sie den beiden, wie man sich Pferden nähern muss: Deutlich und laut ansprechen und nur von vorne auf sie zugehen. Pferde sind ihrer Natur nach Fluchttiere, die beim plötzlichen Auftauchen irgendwelcher Lebewesen von hinten immer gleich Raubtiere vermuten und entsprechend schreckhaft reagieren. Ein Ansprechen sagt den Pferden, dass hier ein Mensch kommt, den man nicht fürchten, vor dem man nicht fliehen und nach dem man nicht ausschlagen muss.

Ganz sicher und endgültig haben es Ihre Kinder begriffen, wenn Sie es ihnen folgendermaßen klar machen: Verstecken Sie sich (ohne Vorankündigung) im dunklen Keller oder Hausflur und stürmen Sie mit lautem „Buuuh" und wildem Armeschwenken hervor, sobald die zwei vorbeigehen. Die Kinder werden sich furchtbar erschrecken – genau wie Pferde in einer ähnlichen Situation.

Jetzt können Sie ihnen das erklären und betonen, dass Pferde aber nicht nur weglaufen, sondern oft dabei noch kräftig nach dem vermuteten Feind ausschlagen.

Auch wenn die Pferde friedlich grasend über die Weide ziehen, müssen die Kleinen die Koppel sofort verlassen, sobald die Pferde ruckartig die Köpfe heben und erregt anfangen zu schnauben. Sie wollen dann den Kindern nichts tun, werden aber gleich aufgeregt oder übermütig über die Weide tollen und könnten dabei aus Versehen die Kinder umrennen.

Es ist richtig und wichtig (wenn auch leider nicht immer zu überwachen), Kindern unter 10 Jahren zu verbieten, alleine auf die Koppel zu gehen. Selbst ältere Kinder kommen noch auf allerhand Ideen (vor allem wenn Freunde dabei sind), um die friedlich grasenden Pferde zu einem Galopp aufzuscheuchen.

Wenn immer möglich, sollten Sie Ihre Kinder mit auf die Koppel oder in den Stall nehmen und sie beim Putzen und Füttern helfen lassen. So lernen sie unter Aufsicht schon im Kindesalter den richtigen Umgang mit Pferden.

Warnung:

Kinder müssen lernen, nie, wirklich nie auf die Weide zu laufen, wenn die Pferde gerade „Spielstunde" haben.

Auf der Weide

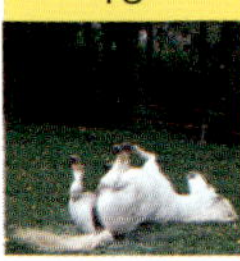

Auf der Weide

Eine natürliche Pferdehaltung ist ohne Weide undenkbar. Aber die so genannte Robusthaltung wird leider oft falsch verstanden. Ganzjährige Robusthaltung heißt:

- ausreichende Weidefläche (je nach Qualität des Bewuchses und der Größe der Pferde zwischen 5 000 und 10 000 Quadratmeter), die in Portionsweiden aufgeteilt werden soll, damit die abgeweideten Stücke sich wieder erholen können;
- nach Bedarf im Winter Zufütterung von Heu oder Silage;
- rund um die Uhr frisches Wasser und ein Leckstein;
- sichere Einzäunung zu jeder Jahreszeit;
- regelmäßige Koppelpflege: regelmäßiges Absammeln der Pferdeäpfel gegen die Verbreitung von Parasiten, bei sehr großem Bestand nach Weideabtrieb mähen, Mähgut verkompostieren oder die Weide mulchen oder für Wechselbeweidung sorgen;
- ausreichender Schutz vor Sonne, Nässe, starkem Wind;
- fester Unterstellplatz für Regenperioden;
- regelmäßige Wurmkuren und Impfungen;
- regelmäßige Hufpflege.

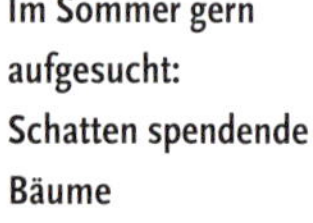

Im Sommer gern aufgesucht: Schatten spendende Bäume

Wetterschutz

▶ Hecken und Bäume

FRAGE

Aus verschiedenen Gründen kann ich bei meiner Pferdeweide keine Schutzhütte bauen oder sonstige künstliche Schutzdächer errichten. In freier Natur hat das Wild doch auch keine anderen Möglichkeiten als Büsche und Bäume, um genug Schutz vor schlimmen Wetterlagen zu finden. Könnten also Hecken und Bäume für unsere Hauspferde eine Schutzhütte ersetzen, und welche Pflanzen empfehlen sich dafür?

Blätter, Blüten und Früchte der Apfelrose verführen trotz Stacheln zum Naschen.

ANTWORT

Rehe, Hasen und anderes Wild suchen bei Extremwetter sorgfältig nach geeignetem Schutz. Den bietet Gebüsch, das an Schluchten oder von der Wetterseite abgewendeten Hängen steht. Weniger die Nässe macht dem Wild zu schaffen, als vielmehr nasskalter Wind, der über die Ebenen und Hügel bläst und vor dem einzelne freistehende Hecken und Bäume wenig Schutz bieten.

Wild weiß instinktiv wo es einigermaßen geschützt solche Zeiten überstehen kann. Unseren Pferden jedoch weisen wir Menschen fest eingezäunte Flächen zu, wo nur selten noch natürliche Unterstellmöglichkeiten gegeben sind. Wir greifen in die Natur ein, indem wir Pferde auf kleinen Weiden halten und Pferderassen in unserem oft wechselhaften und rauhen Klima züchten, die ihrer Abstammung nach in warmen Ländern oder an Küsten mit besonders mildem Golfstromklima zu Hause sind.

Um Wetterschutz nur durch Anpflanzungen sicherzustellen, braucht es also überdurchschnittlich großer Weiden in hügeligem Gelände. Anpflanzungen an Stall und Weide sind problematisch, weil fast alle ungiftigen Sträucher von den Pferden gerne angefressen werden. Diesen Verbiss überstehen nicht alle Gehölze; außerdem bieten diese in der blattlosen Zeit absolut keinen Wetterschutz mehr gegen die Frühjahrs- und Herbststürme.

Viele immergrüne Gehölze wie etwa Thuja, Eibe oder Efeu sind leider hoch giftig. Zwar meiden Pferde meist diese Giftpflanzen, aber leider kommen immer wieder tödliche Unfälle vor, wenn Pferde und vor allem Fohlen aus Langeweile doch ein wenig davon naschen.

Beim Anpflanzen von Bäumen als Wetterschutz muss man wissen, dass das Blätterdach zwar gut vor Sonne schützt und den Regen etwas abhält, aber selbst ausladende Bäume oder

Baumgruppen kaum Windschutz bieten. Auch bergen Baumfrüchte manches Risiko:

- Äpfel und Birnen werden von Pferden zwar gerne gefressen, aber mitunter sitzen in Faulstellen der Früchte Wespen oder Bienen, deren Stiche im Halsraum der Vierbeiner tödlich sein können.
- Nicht weniger gefährlich sind Pflaumen im Übermaß, weil die Kerne Blausäure enthalten und leider von den meisten Pferden mit Genuß geknackt und verzehrt werden.
- Linden sind bei Pferden gleichermaßen begehrt wie bei Bienen oder Wespen – deshalb ebenfalls gefährlich.
- Hecken erfüllen den Zweck als Witterungsschutz nur bedingt: Gebüschgruppen können durchaus auch starken Wind mildern, aber nur hohe, ausladende Hecken gewähren auch in der Mittagszeit Sonnenschutz.

Man sollte sich bei der Heckenauswahl nicht allzu sehr auf die Instinktsicherheit der Pferde, auch nicht der naturnahen Ponyrassen verlassen, sondern Neuanpflanzungen sorgfältig überdenken.

- Sehr guten Windschutz und bei entsprechendem Beschneiden auch Sonnenschutz bieten Hecken aus Fichten. Besonders die relativ langsam wachsende einheimische Fichte bildet ein sehr dichtes, bis auf den Boden reichendes Astwerk, während schnell wachsende Douglasien selten in Bodennähe dicht bleiben. Aber leider nagen Pferde sehr gerne an Fichtenästen, so dass im Laufe der Zeit Bäume und Hecken eingehen, wenn sie nicht außerhalb der Umzäunung und für Pferdemäuler unerreichbar gepflanzt werden.
- Hecken aus Hainbuche sind im Sommerhalbjahr sehr dicht, werfen aber die Blätter ab, so dass im Winterhalbjahr kein Sonnen- oder Windschutz gewährleistet ist. Außerdem verzehren die Pferde, wenn sie die Hecke erreichen können, Blätter und junge Äste.
- Findige Pferdebesitzer pflanzten im Kreis frohwüchsige Weiden, deren Enden sie oben zusammenbanden und dadurch eine herrliche Sommerlaube schafften. Leider knabbern viele Pferde daran, obwohl die Weide als wenig schmackhaft und im Übermaß verzehrt als leicht giftig gilt.
- Wir haben außerhalb der Koppelzäune an einigen Stellen Apfelrosen (*Rosa rugosa*) angepflanzt. Trotz der stachelübersäten Zweige naschen die Pferde gerne, wenn die Äste erreichbar sind. Vor allem die dicken Hagebutten sind bei uns Menschen als wohlschmeckende Marmelade und bei den Pferden, bei Wild und Vögeln des süßen Geschmackes wegen sehr begehrt. Auch diese Hecke ist im Winter kahl.
- Holunder, bisher in keiner Liste als giftig angeführt, wird von Pferden und vielen anderen Tieren gemieden. Er eignet sich nur bedingt als sommerlicher Schutz, weil er zwar anspruchslos, aber nur dünn belaubt ist.
- Schwarzdorn bildet dichte Hecken, die von Vögeln gerne als Brutplatz angenommen werden. Allerdings ist er stark Ausläufer treibend, dringt in Wiesen und Weiden vor und ist nur sehr schwer zurückzuhalten.
- Brombeeren, deren Blätter und Früchte gerne verzehrt werden, neigen zu mächtiger Rankenbildung. Wenn man sie nicht ständig stutzt, überwu-

chern sie schnell große Flächen. Außerdem sind sie wegen der luftigen Ranken und des spärlichen Blattwuchses als Windschutz ungeeignet und können in wenigen Jahren auch stabile Zäune zusammendrücken.

▸ Guten Wind- und Sichtschutz im Sommerhalbjahr bieten auch Weißdornhecken, die im Gegensatz zu Schwarzdorn keine unterirdischen Ausläufer treiben und die man gut in Form schneiden kann. Aber Vögel verschleppen gerne deren Beeren, so dass an den unmöglichsten Stellen immer neue Weißdornbüsche auftauchen.

Ein ehemaliger Hühnerstall wird passend umgebaut zu einem zweckmäßigen Offenstall.

Was auch immer Sie anpflanzen wollen: Vergessen Sie nicht, sich vorher um die Erlaubnis zu bemühen; denn fast überall sind Heckenpflanzungen genehmigungspflichtig.

▸ Schutzhütten

FRAGE

Wir konnten für unsere kleine Haflingerherde langfristig mehrere Hektar arrondiertes Wiesenland pachten. Bevor wir einen teuren Weideunterstand bauen, möchten wir wissen, auf was wir dabei achten müssen.

ANTWORT

Zunächst einmal muss die Frage der Genehmigungs- oder Meldepflicht abgeklärt werden. Das kann nämlich

Ein alter Viehtriebwagen wird mit einfachen Mitteln zur fahrbaren Schutzhütte.

von Bundesland zu Bundesland verschieden geregelt sein und hängt oft auch vom geplanten Standort ab.

Bevor Sie mit Ihrem Bauwunsch bei Ämtern vorsprechen, suchen Sie einen ortskundigen Landwirt auf, der Ihnen aus Erfahrung im Umgang mit den entsprechenden Behörden Tipps geben kann. In vielen Bundesländern genießen Landwirte besondere Privilegien, die auch den Bau von Schutzhütten betreffen. Statt selbst eine amtliche Absage zu bekommen, wäre es besser, den Landwirt diese Wiesen pachten und die Schutzhütte bauen zu lassen (natürlich können Sie mithelfen!). Er kann dann alles an Sie weiterverpachten.

Falls Sie den amtlichen Weg gehen wollen, wird man Ihnen gewisse Auflagen bezüglich Standort, Größe und Bauausführung machen und eine Bepflanzung um die Schutzhütte vorschlagen, damit diese sich besser in die Landschaft einfügt. Zum Genehmigungsverfahren gehören meist ein Lageplan und natürlich die schriftliche Erlaubnis des Landbesitzers.

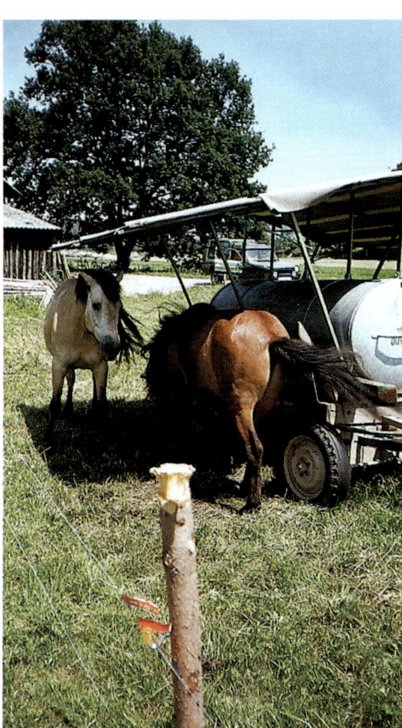

Der Wasserwagen mit Dach wird zum genehmigungsfreien Unterstand bei Regen oder zu viel Sonne.

Einige wichtige Details sollten Sie vor einer Bauzeichnung bedenken:

- Pro Pferd rechnet man bei einer reinen Weidehütte 2–3 qm Platz, vorausgesetzt, die Pferde kennen sich schon sehr lange und vertragen sich gut. Als Mindesthöhe empfiehlt sich das doppelte Widerristmaß des größten Pferdes im Bestand.
- Die Hütte soll möglichst dreiseitig geschlossen, die Wände sollen zugluftfrei sein.
- Soll die vierte Seite noch teilweise geschlossen werden, muss man zwei Eingänge einplanen, damit kein „Streithammel“ einen einzigen Ein- und Ausgang versperren kann.
- Wenn Sie den Standort für die Hütte frei wählen können, so sollte diese am höchsten Platz der Weide stehen, weil die Pferde von dort aus alles überblicken können und sich dadurch sicherer fühlen.
- Der Untergrund um die Hütte soll möglichst fest sein; denn auch im Sommerhalbjahr muss mit Dauerregen gerechnet werden.
- Falls frei wählbar, sollte der Hütteneingang nach Osten und vom Wind abgewendet vorgesehen werden.

Wenn Ihnen eine Genehmigung versagt wird, lassen Sie sich die Gründe dafür schriftlich mitteilen. Wenden Sie sich mit diesem Schreiben an die für Ihr Land zuständige Tierschutzbeauftragte oder lassen Sie sich von einem Rechtsanwalt beraten. Suchen Sie möglichst nach einem, der selbst Pferde hält oder sich als Fachanwalt für Tierschutzbelange niedergelassen hat (Tierschutzverein fragen).

▸ Weidehütten-Ersatz

FRAGE

Vor Kurzem sah ich auf einer Schafweide einen Wasserwagen, der ein übergroßes Dach hatte, unter dem die Schafe im Schatten lagen.

Könnte man dieses Gefährt nicht in größerer Ausfertigung auch für unsere gemischte Pony- und Pferdeherde als Sonnen- und Regenschutz nachbauen?

Wie kann man dieses Gefährt mit dem großen Dach von Koppel zu Koppel transportieren? Und muss es genehmigt werden?

ANTWORT

Diesen Wasserwagen mit übergroßem klappbaren Dach haben sich bereits einige Ponybesitzer gebaut und sind sehr zufrieden damit. Wasser muss für Pferde ständig verfügbar sein. Deshalb kann niemand das Aufstellen eines Wasserwagens verbieten, auch nicht, wenn dieser ein weit überstehendes Schutzdach hat, denn das Dach bietet nicht nur den Pferden Sonnen- und Regenschutz, sondern verhindert auch bei großer Hitze, dass sich das Trinkwasser schnell erhitzt und damit verdirbt.

Wenn das Dach mit Hilfe von Stangen abklappbar gebaut wird, lässt sich das Wasserfass je nach Bedarf problemlos mit dem Traktor von Weide zu Weide karren.

Für die Dauer einer verregneten Veranstaltung wurde der Pferdehänger mit einfachen Mitteln zur Schutzhütte umfunktioniert.

▸ Pferdehänger statt Schutzhütte

FRAGE

Wir haben viele Pferdeweiden, meist kleine, verwinkelte Ländereien, die kein Landwirt mit seinen großen Maschinen bearbeiten kann. Für uns lohnt es sich nicht, überall eine Schutzhütte aufzustellen – vom Genehmigungsverfahren ganz zu schweigen. Wir würden nun gerne den Zweipferdehänger als Schutzhütte für unsere beiden Welshponys auf die jeweilige Weide stellen, sind aber unsicher, ob das nicht gefährlich ist.

Können Sie uns über Erfahrungen berichten, die andere Pferdebesitzer damit machten?

ANTWORT

Ein Hänger, einfach auf die Weide gestellt, birgt manche Gefahren:

- Da gibt es viele Metallteile, an denen ein unbeaufsichtigtes Pferd hängen bleiben und sich verletzen kann.
- Scharfkantig und damit gefährlich sind auch die Schutzbleche und die Anhängerdeichsel. Es bleibt einfach nicht aus, dass neugierige Pferde den Hänger gründlich mit Maul und Hufen „untersuchen", so dass Verletzungen wie Risswunden, Quetschungen, Hautabschürfungen oder gar Beinbrüche drohen. Doppelte Gefahr droht bei Pferden, die nur mit Halfter auf die Weide gehen dürfen.
- Gefährlich beim geöffneten Hänger bleibt auch die Ladeklappe. Pferde, die wieder aus dem Hänger heraus wollen, müssen sich entweder umdrehen, was bei zwei Pferden sicher nicht einfach ist, oder rückwärts die Ladeklappe hinabgehen. Dabei können sie seitwärts abrutschen und sich an den Beinen verletzen.

Unter bestimmten Voraussetzungen kann ein Hänger trotz der oben genannten Warnungen als Schutzhütte eingesetzt werden:

- ▶ Stellen Sie den Hänger so am Koppelrand ab, dass nur noch der Einstieg in der Koppel frei zugänglich ist.
- ▶ Grenzen Sie die Aufstiegklappe durch einen festen Holzzaun ein, um das seitliche Abrutschen zu verhindern. Drahtzaun oder Elektrolitze sind zu wenig Stabil und bieten keinen geeigneten Schutz.
- ▶ Nehmen Sie die Trennwand heraus, damit sich die Pferde vor dem Ausstieg drehen können. Sind die Pferde größer als 150 cm Stock, müssen Sie beobachten, ob ein gefahrloses Drehen überhaupt möglich ist oder ob sie problemlos rückwärts aus dem Hänger kommen.
- ▶ Bringen Sie unbedingt vier stabile Stützen an (mit einem Brett gegen ein Einsinken in weichem Boden abgesichert), um zu vermeiden, dass der „Stall" bei jeder Bewegung der Pferde hin und her schwankt.
- ▶ Beobachten Sie Ihre Pferde über längere Zeit, um sich zu vergewissern, dass sie problemlos ein- und aussteigen können.

▶ Partyzelt als Wetterschutz

Frage

Im verregneten Frühjahr haben wir schmerzlich einen Unterstand für unsere beiden Trakehner vermisst. Leider wurde uns die Genehmigung für eine Schutzhütte versagt. Nun sahen wir bei einer Veranstaltung, dass Pferde dort unter Partyzelten vor Sonne, Regen und Wind geschützt standen. Wäre das nicht eine Lösung für uns? Und sind Partyzelte genehmigungspflichtig?

Antwort

Normalerweise sind alle Gebäude genehmigungspflichtig, die irgendwie mit dem Erdboden fest verbunden sind, also feste Fundamente haben oder auf Fundamentsteinen verankert sind.

Aber auch das vorübergehende Abstellen von fahrbaren Weidehütten, mitunter sogar das Aufstellen von Party- oder Stallzelten, wird von manchen Gemeinden, der Bauaufsichtsbehörde und vor allem der unteren Naturschutzbehörde nicht immer und überall geduldet. Es kann ebenso wie wildes Campen oder Zelten (auch auf eigenem Grund und Boden) untersagt werden.

Ein Partyzelt als Wetterschutz sieht man inzwischen am Rande vieler Turniere; es ist eine feine Sache, wenn man sein Pferd dort zwischen den einzelnen Wettbewerben geschützt unterstellen kann. Aber ein Partyzelt ist eben nur ein Zelt mit allen Vor- und Nachteilen eines Zeltes.

Gewiss erlaubt der schnelle Auf- und Abbau ein bequemes Mitnehmen von Koppel zu Koppel. Aber wenn Tiere unbeaufsichtigt am oder im Zelt stehen, können sie aus Langeweile am Zeltstoff zupfen oder sich am Gestänge scheuern und dabei die gesamte Konstruktion umdrücken.

Zelte dieser Größe bieten zudem eine riesige Angriffsfläche für Regenböen und Wind. Da müsste dieser Behelfsstall schon außerordentlich gut verankert sein, um Herbst- oder Frühjahrsstürmen standzuhalten. Im Übrigen gehen Pferde nicht gerne unter das Zeltdach, wenn die Planen im Wind knattern oder Regentropfen auf die Dachplane pladdern.

Ich weiß nicht, wie es in anderen Bundesländern geregelt ist. In Hessen hat das Ministerium für Tierschutz eine engagierte Beauftragte, die inzwischen durchsetzen konnte, dass allen Tieren (aus Tierschutzgründen) ein Schutz vor der Witterung zugestanden wird, und die die Tierbesitzer mit Argumentationshilfen im Behördendschungel unterstützt. Erkundigen Sie sich in Ihrem Bundesland, ob dort nicht auch eine Tierschutzbehörde Beratungshilfen für den Bau von Stall- und Schutzhütten herausgibt.

Das Partyzelt ist als vorübergehende Schutzhütte bei Veranstaltungen durchaus geeignet.

Zäune und Ausbrecher

▸ Welcher Zaun?

Frage

Wie haben zwei polnische Warmblüter gekauft, die zur Zeit in Boxen an der Reithalle untergebracht sind. Nun hat sich aber herausgestellt, dass eine der Stuten tragend ist. Deshalb haben wir verschiedene Wiesen gepachtet und wollen diese einzäunen, sind aber nicht sicher, welche Zaunart sich für Stuten mit Fohlen am besten eignet.

Dieser Koppeleingang ist sehr massiv und gut gesichert.

Antwort

Nicht überall kann man nach Belieben Zäune ziehen. In vielen Ländern müssen Gemeinde und untere Naturschutzbehörde gefragt werden. Am einfachsten wäre es, wenn ein Landwirt – dem so ziemlich alle Zaunarten genehmigt werden, weil er ja von der Viehhaltung lebt – Ihnen fertig eingezäunte Koppeln verpachtet.

Sie sollten auf alle Fälle vor einer Einzäunung bei Ihrer Gemeinde nachfragen, ob dort Zäune genehmigungspflichtig sind und welche Art der Einfriedung erlaubt bzw. vorgeschrieben ist.

Sollten Sie frei planen können, bedenken Sie, dass man nur bei Eigentumsland oder langfristigen (schriftlichen!) Pachtverträgen teuer und fest einkoppeln sollte, weil sonst der finanzielle Aufwand zu hoch ist.

Bei jeder festen Einzäunung müssen die Pfosten tief eingegraben oder besser noch einbetoniert und die Eckpfosten gut abgestrebt werden, damit der Zaun sich nicht schon in kurzer Zeit lockert.

- Für Stuten mit Fohlen empfehlen sich die festen Stangen- oder Brettereinzäunungen, die man mit einem zusätzlichen Elektrozaun gegen ein Eindrücken oder Umrennen schützt.
- Plastikrohre sind eine saubere und leicht zu montierende Einzäunung. Leider überzeugt die Lebensdauer nicht immer. Im Laufe der Jahre können die teuren Stangen brüchig werden und bei heftiger Berührung splittern.
- Häufig empfohlen, aber leider recht teuer in der Anschaffung sind Gummibänder, die ein dagegenrennendes Pferd meist zurückfedern. Bei einem Ausbruch ist die Verletzungsgefahr minimal.
- Häufig auf Fohlenweiden anzutreffen sind Einzäunungen mit Knotengitter, das in verschiedenen

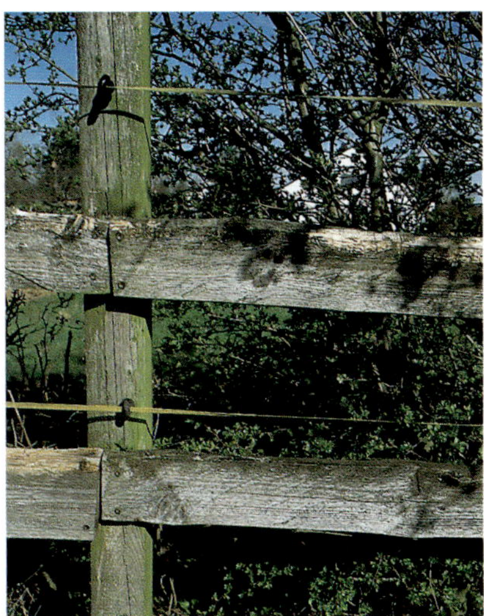

Die Planken wurden nachträglich mit E-Zaun vor den Pferdezähnen geschützt.

Ausführungen von kleinen (für Schafe und Kleintiere) bis großen Gitterweiten (Kühe, Pferde) zu haben ist. Nachteil dieses Zaunes ist die Verletzungsgefahr bei Pferden, die gerne mit den Beinen nach vorne strampeln (Hengste, Hengstfohlen) und beim Hängenbleiben in Panik geraten. Hier empfiehlt sich die Kombination mit einem Elektrozaun, möglichst mit Abstandsisolatoren, damit die Tiere davon abgehalten werden, die Köpfe über den Zaun zu strecken, um draußen zu weiden.

▶ Noch immer häufig anzutreffen, aber denkbar ungeeignet vor allem für junge Pferde ist die Einzäunung mit Stacheldraht, den es in verschiedenen Stärken und sogar als Elektro-Stacheldraht mit passenden Isolatoren gibt.

Wer allerdings einmal eine Stacheldrahtverletzung gesehen hat, wird diese Zaunart sicher niemals verwenden. Denn beim Versuch des hängengebliebenen Pferdes, wieder frei zu kommen, entstehen tiefe Riss- und Stichwunden, die nur schwer wieder heilen. Schlimm sind diese Drahtverletzungen vor allem an den Beinen, weil dort kaum polsterndes Muskelfleisch vorhanden ist, das die lebenswichtigen Adern und Sehnen vor einer Verletzung schützt.

Wenn bei einer Pachtweide schon eine Stacheldrahteinzäunung vorhanden ist, empfiehlt sich nicht nur ein Elektrodraht direkt an diesem Zaun als zusätzlicher Schutz, sondern Abstandsisolatoren oder besser noch ein Innenelektrozaun in ca. 50 cm Entfernung zum Stacheldraht (oder Knotengitter), um den Tieren jeden Kontakt damit zu ersparen.

▶ Wenn Sie einen völlig neuen Zaun ziehen, dann achten Sie darauf, spitze Ecken zu vermeiden, in die Pferde einen Weidekameraden treiben können. Wenn dieser nicht mehr ausweichen kann, kommt es zum Aus- oder Durchbruch durch den Zaun mit seinen gefürchteten unvorhersehbaren Folgen.

Knotengitter kombiniert mit Stacheldraht sind für Rinderweiden üblich, für Pferde aber lebensgefährlich.

▸ Als Zaunhöhe empfiehlt sich etwa die Stockmaßhöhe bei Stuten und Wallachen. Bei Hengsten sollte ein Zaun deutlich höher sein.

▸ Elektrozaun – sicherer Zaun?

FRAGE

Endlich haben wir für unsere Welsh Partbred-Stuten eine große Wiese bekommen, die leider nicht mit einem festen Zaun eingefriedet werden darf. Ein mobiler Elektrozaun wird aber geduldet. Nun sind unsere Welsh-Ponys noch jung und verspielt und rennen gerne über die Wiesen. Ob sie wohl auch in der Spielstunde hinter dem Elektrozaun sicher verwahrt sind?

ANTWORT

Elektrozäune der neuen Generation haben ihre Bewährungsprobe als Alleineinzäunung für Pferde, Rinder, Schafe, Lamas, Damwild usw. längst bestanden. Die Hersteller bieten viele verschiedene Zaunmöglichkeiten an, so dass man bei einem Weideausbruch nicht mehr Sorgen haben muss als bei einem Panikausbruch aus herkömmlichem Zaun.

Wenn das Fohlen an den E-Zaun gewöhnt ist, bietet dieser vierfach gespannte, gut sichtbare und voll funktionsfähige Zaun große Hütesicherheit.

Die Rechtssprechung erkennt inzwischen den voll betriebssicheren, sorgfältig gewarteten Elektrozaun als sicher genug an, um dahinter Pferde zu halten. Jeder Pferdebesitzer sollte allerdings mit einem Vertreter „seiner" Pferdehaftpflichtversicherung die Einzäunung absprechen; mitunter haben die Gesellschaften besondere Bedingungen für den Elektrozaun als alleinige Einzäunung.

▸ Wichtig:

Neben der sorgfältigen Errichtung des Elektrozaunes muss seine Funktionsfähigkeit regelmäßig überprüft werden!

Schon bei der Auswahl der Zaunpfosten gibt es viele Möglichkeiten:

- Holzpfosten, die relativ dünn sein können und nicht so tief in den Erdboden eingeschlagen werden müssen wie bei einer Glattdraht- oder Knotengitterbespannung, weil sie beim E-Zaun nur einem geringen mechanischen Druck ausgesetzt sind.
- Eisenpfosten (meist Marke Eigenbau) mit einem, zwei oder mehreren Isolatoren, um je nach Tiergröße mehrere Drähte auf verschiedenen Höhen führen zu können.
- Nicht leitende Recyclingpfosten, in die man Isolatoren einschrauben oder an denen man den E-Draht festbinden oder einfach herumschlingen kann.
- Plastikpfosten mit oder ohne Metallkern und mit mehreren eingearbeiteten Isolatoren oder glatte Plastikstäbe mit überstülpbaren Isolatoren, die

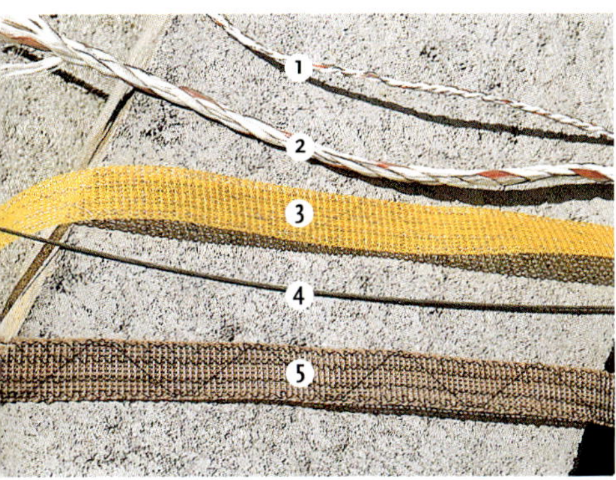

Die gängigsten E-Drähte:
1 dünne, gedrehte Litze mit 3-4 Drähten
2 kordeldicke Litze mit 5-7 Drähten
3 schmales Band mit mehreren Paralleldrähten und einem Zickzack-Draht
4 sechsfach gedrehter verzinkter Draht
5 schmales Band wie (3), jedoch mit noch mehr Drähten

jederzeit in der Höhe verstellt werden können.

• Holzpfosten aus bestimmtem nicht oder nur schwach leitendem Holz, für die man keinerlei Isolatoren braucht, weil das Holz keine Spannung ableitet.

Ebenso vielfältig ist auch das Angebot an verschiedenen Elektro„drähten“:

• Angefangen beim einfachen Glattdraht (verzinkt), der keine allzu lange Lebensdauer hat, dafür aber sehr preiswert ist,

• über mehrfach gedrehten und verzinkten Stahldraht mit langer Lebensdauer, der mitunter etwas widerspenstig bei der Verlegung ist,

• zu der Kunststofflitze, die es in verschiedenen Stärken gibt und die sehr leicht zu verarbeiten ist, deren Drahtbeilagen bei Billigware aber leider oft nicht so langlebig sind wie die Litze selbst. Wenn deren dünne, Strom führende Drähte an einer Stelle unterbrochen sind, kann der Zaun nicht mehr einwandfrei funktionieren.

• Einige Zeit galt das Alu-Band als Favorit; leider gab es schon bei geringer Berührung des eigentlich sehr gut sichtbaren Bandes schwere Schnittverletzungen, so dass dieses Band nur noch selten gekauft wird.

• Das Elektro-Textilband hat das Alu-Band mehr oder weniger verdrängt. Dieses Band gibt es in verschiedenen Breiten und Stärken und je nach Leistungsvorgabe mit mehr oder weniger vielen Drähten vernetzt. Das mehrere Zentimeter breite und gut sichtbare Band konnte sich nicht überall durchsetzen, weil es sich von kräftigem Wind und Schnee durchbiegen lässt.

Der Elektrozaun kann eine sichere Einzäunung sein, wenn einige wichtige Dinge beachtet werden:

Je breiter die E-Zaun-Bänder, desto mehr werden sie von nassem Schnee gedehnt, bis die Metallfäden reißen.

▸ Als Erstes muss man sich davon überzeugen, dass die Pferde einen Elektrozaun kennen und ihn respektieren. Leider gibt es nämlich Vierbeiner, die ganz genau wissen, wie man aus Elektrozäunen ausbricht.

▸ Dann muss jede neu abgesteckte Koppel, jede Veränderung des beweideten Geländes den Pferden gezeigt werden, bevor man sie auf die Koppel entlässt (beispielsweise einmal herumführen).

▸ Bei beginnender Dämmerung oder Dunkelheit dürfen Pferde nicht auf eine neue oder veränderte Weide geführt werden, weil sie den Zaun, die neue Umgrenzung dann nicht mehr deutlich genug erkennen können.

▸ Bei den normalen Trockenbatterie-Weidezaungeräten ist sorgfältig auf das Freihalten aller stromführenden Zaunteile zu achten. Grasbewuchs, Äste benachbarter Büsche und Bäume, aber auch Schneebrücken im Winter leiten den Strom ab, so dass das Zaunsystem nicht mehr genügend Spannung hat. Nur einige wenige (sehr teure) Weidezaungeräte können geringen Bewuchs unterdrücken.

▸ Unerlässlich bleibt eine regelmäßige Überprüfung des Zaunes. Denn für eine rein mechanische Wirkung beim Wegfallen der Spannung sind Draht und Pfosten nicht geeignet.

▸ Vergewissern Sie sich, dass durch die neu errichtete Koppel kein Wildwechsel verläuft; dann müssen Sie nämlich mit zerbrochenen Isolatoren, umgedrückten Pfosten und zerrissenenem E-Zaun rechnen. Wenn die untersten Weidedrähte allerdings mindestens 60 cm über dem Boden angebracht sind, schlüpfen Rehwild und Wildschweine darunter durch, ohne dass ihnen oder dem Zaun Schaden zugefügt wird.

▸ Weiden auf Ihren Koppeln kleinere Tiere wie Shettys, Minis, Schafe oder Ziegen, für die der unterste Draht sehr tief gezogen werden muss, dann sorgen Sie mit einem auffälligen Flatterband dafür, dass sich das Wild einen anderen Weg sucht. Wenn das nicht hilft, Sie aber auf diese Wiese angewiesen sind, dann ziehen Sie auf dieser einen Zaunseite zusätzlich zum E-Zaun außen einen Maschendrahtzaun, den Sie mit einer Hecke spaziergängerfreundlich kaschieren können.

▸ Wichtig:

Zeigen Sie Ihren E-Zaun Ihrem Versicherungsvertreter und lassen Sie sich eine Deckungszusage für diese Einzäunung schriftlich geben, damit im Schadensfall die Versicherung den Zaun nicht nachträglich als „nicht betriebssicher" einstuft und eine Haftung ablehnt.

▸ Weide-Ausbrecher

Frage

Wir haben uns unseren lang gehegten Wunsch erfüllt und sind mit der ganzen Familie, dem Hund und zwei neuen Pferden in ein Haus gezogen, wo Stall und Weide direkt nebenan sind. Unsere Pferde, dicke, urgemütliche 3-jährige Tinker, haben sich schnell eingelebt, und es herrschte zwei Monate völliger Frieden.

Seit wenigen Tagen nun ist unser Arly zum Ausbrecher geworden. Ob Elektrozaun, Stacheldraht oder Knotengitter, er walzt einfach alles durch, läuft dann aber nicht weg, sondern grast gemütlich auf der anderen Zaunseite, bis wir ihn wieder hinter den Zaun stellen und das Spiel von vorne beginnt. Wir haben jetzt Angst, dass Lorna bald auch das Ausbrechen entdeckt und beide zusammen dann weglaufen. Wir haben keine ruhige Minute mehr aus Sorge um die Pferde.

Antwort

Ausbrechende Pferde sind ein Schrecken für den Besitzer. Den Tieren selbst kann viel passieren, und sie können Unbeteiligten großen Schaden zufügen, wenn sie etwa mit einem Auto zusammenstoßen.

Sie werden sicher nie erfahren, wann und wir Ihr Arly das Ausbrechen erlernte:

- Waren die Zäune, die er im Fohlenalter kennen lernte, zu niedrig? Lernte er darüberzuspringen?
- Oder war der unterste Draht so hoch, dass er hindurchrobben konnte?
- Waren Latten oder Pfosten morsch, so dass er einfach alles ohne große Mühe umwalzen konnte?
- Oder war der E-Zaun ungepflegt, die Isolatoren altersschwach und die Batterie am Ende, so dass der Abschreckungseffekt fehlte?

Auch wenn Arly die ersten zwei Monate bei Ihnen brav hinter dem Zaun blieb, so kann er das Durchrennen durchaus schon im Fohlenalter gelernt haben. In einer neuen Umgebung sind Pferde zunächst sehr vorsichtig. Außerdem schmeckt das frische Futter auf einer neuen Weide so gut, dass Ihr Pferd nicht ans Ausreißen dachte. Jetzt, wo das Beste weggefressen ist, lockt das Futter außerhalb des Zaunes.

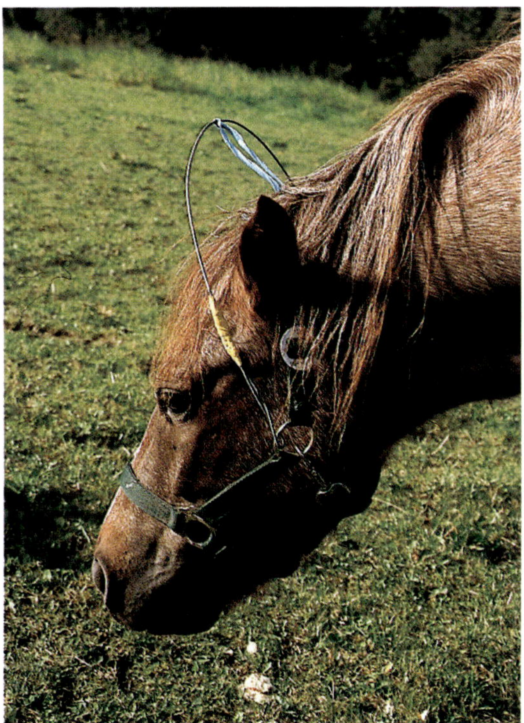

Mit einer Drahtschlinge wird das Stallhalfter umfunktioniert. Will das Pferd unter dem Zaun durchschlüpfen, berührt der Drahtbügel den E-Zaun.

Als Erstes müssen Sie jetzt herausfinden, *wie* Ihr Pferd ausbricht und *wie* er auf den Elektrozaun reagiert:

▶ Kontrollieren Sie zunächst, ob der Elektrozaun auch korrekt verlegt wurde und entsprechend funktioniert. Verlassen Sie sich dabei nicht nur auf das Prüflicht am Weidezaungerät, sondern testen Sie die Spannung mit einem entsprechenden Weidezaunprüfer.

▶ Beobachten Sie nun aus einem Versteck heraus, was der Wallach unternimmt, wenn er sich unbeobachtet fühlt. Versucht er, unter dem Zaun durchzukriechen oder den untersten

Draht mit seiner dicken, isolierenden Mähne hochzuheben?

Dann muss eine weitere Drahtreihe tiefer unten gespannt werden. Oder Sie befestigen an seinem (BL Sicherheits-) Stallhalfter einen Draht (Spanndraht mittlerer Dicke), der eine große, steife Schlaufe nach oben bildet. Damit die Schlaufe nicht wild herumpendelt, wird sie mit einer Kordel nochmals am Nackenteil des Stallhalfters verknotet. Wenn er nun unter dem Zaun durchweiden will, bekommt er über diesen Draht einen leichten Stromschlag am Kopf und wird nach etlichen schmerzhaften Versuchen hoffentlich aufgeben.

Warnung:

Das Pferd darf nur mit einem Halfter, das sich bei relativ geringem Zug schon öffnet, auf einer Weide mit Bäumen, Sträuchern und Ställen herumlaufen, weil es mit dieser Konstruktion leicht hängen bleiben kann.

Ein Stück Autoreifen am Bein

- Springt Arly über den Elektrozaun, müssen die Pfosten zum Beispiel mit Latten verlängert und eine weitere Reihe E-Zaun gezogen werden.
- Hilft diese Maßnahme nicht, bleibt eine Hobbel als weitere Möglichkeit, ein Überspringen zu verhindern.

Warnung:

Ein Pferd muss sorgfältig und vorsichtig mit einer Hobbel vertraut gemacht werden.

- Auch Rinderzüchter kennen das Problem des Überspringens, obwohl man es einem so schwerfällig aussehenden Tier wie einem Rind kaum zutrauen mag. Sie legen dem notorischen Ausbrecher mit Hilfe eines Lederriemens (mit Kette) einen Holzklotz oder ein Stück Autoreifen an ein Bein, so dass das Tier nur noch vorsichtig gehen und fressen, nicht aber springen kann.

Hinweis:

Der Lederriemen muss gut abgepolstert sein, um ein Aufscheuern der empfindlichen Fesselbeuge zu vermeiden.

Die Kette als Verbindung zwischen Lederriemen und Holzklotz (oder Reifenstück) muss über einen Wirbel drehbar sein, damit sie sich nicht verwickelt. Ein auf diese Art gefesseltes Pferd muss allerdings ständig beobachtet werden, um die Verletzungsgefahr für es selbst und seine Weidegefährten zu minimieren.

Der sichere Paddock für Pferde, die alle Zäune umdrücken.

▸ Walzt Ihr Tinker dagegen einfach durch den Draht, dann machen Sie ihm die Brust mit einem Schwamm patschnass und stellen ihn wieder auf die (reparierte) Koppel, wo eine frische Weidezaunbatterie mit hoher Schlagstärke angeschlossen wurde. Beim nächsten Versuch, den E-Zaun durchzudrücken, bekommt er einen ordentlichen Denkzettel. Wenn Sie Glück haben, respektiert er den Zaun in Zukunft.

Helfen all diese Maßnahmen nicht, müssen Sie eine andere Umzäunung ausprobieren. Bauen Sie beispielsweise aus fertigen Metallelementen eine Art Paddock auf die Weide, den Sie nach Bedarf an anderen Stellen der Weide neu aufbauen. Das ist zwar sehr umständlich, aber es zeigt dem Pferd endlich mal Grenzen auf. Später ergänzen Sie diesen Massiv-Paddock durch weitere Zaunelemente aus Stangen, bis Sie Arly eines Tages ganz hinter Stangen halten können.

Vielleicht ist ja dann der Zeitpunkt gekommen, Arly noch einmal neu an Elektrozäune zu gewöhnen.

▸ Stall-Ausbrecher

Frage

Unser Stallmaskottchen Fips ist ein mittelgroßes Pony unbekannter Abstammung und müsste eigentlich Filou heißen. Denn Fips öffnet irgendwie und ohne dass ihn bisher jemand dabei beobachten konnte, alle Türen und Tore.

Die Verschlüsse der Innenboxen kann er (noch?) nicht öffnen, weil diese zu

Melody hat's voll drauf: Hier hilft nur noch abschließen.

Maxis Spezialität: der Grendelverschluss, den er in nur 30 Sekunden öffnet.

Dieser Riegel widersteht pfiffigen Pferden nur dann, wenn der Abstand zwischen der vorderen und der hinteren Metallplatte nicht mehr als 15 mm beträgt; dort sitzt verborgen der eigentliche Riegel.

Nur eine extra lange Schlossschraube, aber absolut ausbruchsicher, weil Pferde den schmalen Schraubenkopf nicht packen können. Der Mensch kann die Schraube mit den Fingernägeln packen und herausziehen.

Auch eine Idee, einen einfachen Riegel abzusichern.

kompliziert sind. Aber er hat schon manches Einstellpferd freigelassen, das in einer Außenbox untergebracht war. Als Alternative bliebe nur noch, Fips, der bisher frei auf der hoch eingezäunten Stallanlage herumlaufen durfte, in eine Box einzusperren. Unsere Boxen sind zwar sehr groß, aber auch so hoch verbrettert, dass der Kleine nicht hinausschauen könnte. Es muss doch möglich sein, all die vielen verschiedenen Türen und Tore (außer mit Kette und Schloss) vor ihm zu sichern.

Antwort

Wir hatten ähnliche Probleme mit unseren Paddock- und Boxentüren und verdächtigten anfangs die Dorfkinder, weil wir es für unmöglich hielten, dass Pferde nicht nur Verschlüsse öffnen, sondern sie auch nach innen (rückwärts gehend) aufziehen konnten, so dass alle Offenstallpferde im Garten standen. Bis wir eines Tages beobachten konnten, dass unser Fjordwallach Maxi nur 30 Sekunden brauchte, um einen Grendelverschluss zu „knacken".

Seit dieser Zeit haben wir überall Metallriegel angebracht, die im Landhandel unter „Schweinestallverschluss" bekannt sind. Diese kann auch ein gewitztes Pferd nicht öffnen, weil es seine Oberlippe nicht in den nur 15 mm breiten Spalt schieben kann. Leider gibt es inzwischen auch deutlich breitere Verschlüsse gleicher Bauart, gedacht für Finger mit dicken Winterhandschuhen. Diese Verschlüsse können Pferde mit besonders beweglicher Oberlippe nachweislich öffnen.

Die meisten Verschlüsse haben wir inzwischen allerdings außerhalb der Reichweite neugieriger Pferdenasen angebracht.

Bei einer wichtigen Tür (Reit- und Auslaufplatz) haben wir eine extra lange Schlossschraube eingebaut, die auch das geschickteste Pferd nicht öffnen kann, weil es den winzigen, flachen Schraubenkopf direkt am Holz mit dem Maul nicht packen kann.

Weil bei einem weiteren Tor ein eigentlich nicht leicht zu öffnender Karabinerhaken nicht ausreichte, haben wir jetzt zwei nebeneinander eingehakt, die bisher allen Knackversuchen trotzten.

Vielleicht ist ja bei den genannten Verschlüssen einer dabei, der für alle Tore passt und den auch Ihr gewitzer Fips nicht öffnen kann.

Einfangen scheuer Pferde

Frage

Vor fünf Wochen kaufte ich zwei Dülmener Jährlinge, frisch kastrierte Wallache, die der Händler mir auf die Koppel stellte. Seit dieser Zeit bemühe ich mich vergeblich, sie anzufassen, um mal nach den Hufen zu schauen.

Der Tierarzt sollte sie impfen – aber wir konnten sie nicht einfangen. Jetzt ist die Koppel am Haus leer gefressen, und wir müssten die beiden dringend umtreiben. Außerdem, was soll ich mit Pferden anfangen, die man nur anschauen, nicht aber anfassen, pflegen und später reiten oder fahren kann?

Antwort

Für den Notfall gibt es etliche Methoden, die beiden Wildlinge einzufangen: Man kann sie beispielsweise in ein Fanggatter treiben, das man in einer Koppelecke eigens dafür errichtet, oder sie durch Treiben in eine Box, den Offenstall oder die Weidehütte fangen.

Aber das würde die Angst der ohnehin scheuen Pferde noch vertiefen, die vermutlich seit dem Fang aus der Dülmener Wildpferdeherde und nach dem Erlebnis der Kastration auf eine Koppel entlassen und seither kaum mehr angefasst wurden – bis eben zum Verkauf, der ein weiteres Fangen und gewaltsames Transportieren bedeutete. So ist es eigentlich nicht verwunderlich, dass die beiden so menschenscheu sind; bisher hat sich noch niemand Zeit genommen, sich mit den Ponys wirklich zu befassen und vor allem ihr Vertrauen zu gewinnen.

Fest installiertes Fanggatter zum Einfangen scheuer Pferde an der Stallanlage

Transportables Fanggatter zum Einfangen scheuer Pferde auf der Weide

Gehen Sie deshalb jetzt keinesfalls mit Gewalt vor – es eilt ja nicht. Nutzen Sie aber die Gelegenheit, dass die Koppel leer gefressen ist. Mähen Sie Gras und stellen Sie es in einem Korb auf die Weide, und das mehrere Tage lang. Bald schon warten die beiden auf Sie und das Futter, weil sie Hunger haben und inzwischen wissen, woher das Essen kommt.

Irgendwann kommen die Jungpferde Ihnen bis zum Tor entgegen. Nehmen Sie sich jetzt genügend Zeit: Gehen Sie mit dem Korb in die Koppel, bleiben Sie direkt daneben stehen und warten Sie ab.

Haben die Ponys großen Hunger, so werden sie sich Schritt für Schritt näher heranwagen. Sprechen Sie derweil in freundlichem Tonfall mit den Dülmenern, damit diese Ihre Stimme und auch Ihren Geruch kennen lernen.

Wagen sich die Jungpferde auch nach einer Viertelstunde nicht ans Futter, dann weichen Sie selbst einige Schritte zurück, bleiben aber in der Nähe und auf der Koppel. Die Pferde müssen Ihre Nähe sehen, spüren, riechen und akzeptieren. Bleiben Sie ruhig, aber ständig redend stehen, wenn die zwei an den Korb in Ihrer Nähe kommen. Mit jedem Tag bleiben Sie dichter am Futterkorb stehen, bis die beiden auch dann fressen, wenn Sie den Korb in den Armen halten.

Widerstehen Sie zunächst der Versuchung, die Fohlen jetzt schon zu berühren. Aber beginnen Sie nun, die Koppel zu entmisten und ständig um die Dülmener herumzugehen oder mit der Schubkarre herumzufahren. Die Jährlinge müssen merken, dass Sie zwar ständig um sie herum sind, Ihnen aber nichts Böses wollen.

Bald kommt der Tag, wo die Ponys Ihre Anwesenheit als selbstverständlich hinnehmen und Ihnen aus Neugier während des Entmistens folgen, um an Ihnen und der Schubkarre zu riechen. Bleiben Sie dabei ganz ruhig stehen, lassen Sie sich ausgiebig beriechen, beknabbern und anschubsen und reden Sie derweil pausenlos mit freundlicher Stimme auf die beiden ein.

Strecken Sie nun vorsichtig eine Hand aus mit verlockend duftenden Apfelstückchen. Stückchen deshalb, weil diese intensiver duften als ein ganzer Apfel und weil es für Pferde leichter ist, sich ein Stück zu nehmen und zu verzehren, als einen ganzen Apfel, den sie unzerkleinert nur schwer bewältigen können.

Irgendwann rutscht Ihre Hand zu der Halsunterseite der Ponys, um sie dort zu kraulen. Auch wenn die Fohlen anfangs erschrocken über die Berührung wegspringen, werden sie doch neugierig wieder herbeikommen, um an die begehrten Apfelstückchen zu gelangen.

Wiederholen Sie diese Kraulversuche kombiniert mit Füttern so oft wie möglich, bis die beiden diese bei Pferden übliche Freundschaftsgeste, das gegenseitige Kraulen, dulden oder gar genießen.

Dann ist der Zeitpunkt gekommen, mit einem Gummi-Putzhandschuh (der möglichst schon nach Pferd riechen sollte) die Pferdchen leicht massierend zu „putzen“. Irgendwann, als Reflex auf das Putzen, werden die beiden natürlich auch Ihr „Fell“ kraulen wollen, was sehr schmerzhaft ist. Sagen Sie deshalb bei jedem Kraulversuch laut „Nein“ und schieben Sie den Pferdekopf deutlich von sich weg.

Strafen Sie Ihre Fohlen nicht! Denn es ist ein ganz natürliches, im Erbgefüge festgehaltenes Ritual, den zu kraulen, der das eigene Fell pflegt. Bei konsequenter Zurückweisung begreifen die beiden schnell, dass der „Herdenchef“ diese Annäherung ablehnt, aber trotzdem Freundschaft anbietet.

Sicherheitshalfter: Am Backen- sowie am Nasenteil öffnet sich bei starkem Zug der Klettverschluss.

Sobald Sie beobachten, dass die Ponys das Kraulen und Putzen genießen und Ihnen entgegenkommen, wenn Sie mit den Putzutensilien auftauchen, können Sie auch „so ganz nebenbei“ ein Halfter anlegen, während ein den beiden vertrauter Helfer sie ablenkend krault.

Wählen Sie für den Anfang ein BL Sicherheitsstallhalfter, das nun für die nächste Zeit am Pferdekopf bleiben soll. Ist dann noch ein Strickrest am Halfter befestigt, kann man scheue oder verwilderte Pferde leichter einfangen.

Mit Sicherheit werden Ihre Dülmener Wildlinge bei guter Behandlung ebenso brauchbare und liebenswerte Pferde wie alle anderen wohlerzogenen auch. Ich kenne einige sehr talentierte, unkomplizierte und liebenswerte Dülmener Ponys, die gleichermaßen für Erwachsene und ganz junge Reiter zuverlässige Freizeitpartner wurden und ein hohes Alter erreichten.

Aggressive Pferde

▸ Aggressive Mutterstute

FRAGE

Unsere Hannoveraner Stute hat soeben ihr erstes Fohlen bekommen. Suleima war während der letzten Trächtigkeitswochen besonders anhänglich und verschmust und ließ sich gerne verwöhnen. Auch durften wir bei der Geburt des kleinen Santos dabei sein. Plötzlich jedoch, als der Kleine gerade zum ersten Mal trinken wollte, stürzte sie sich völlig überraschend auf uns, bleckte die Zähne und jagte uns geradezu aus dem Stall.

Sobald wir nur die Boxentüre öffnen, droht sie uns mit Zähnen und giftig zurückgelegten Ohren, und wir wagen

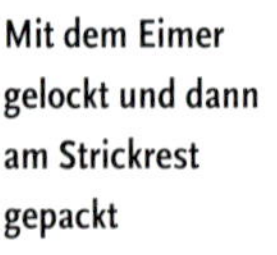

Mit dem Eimer gelockt und dann am Strickrest gepackt

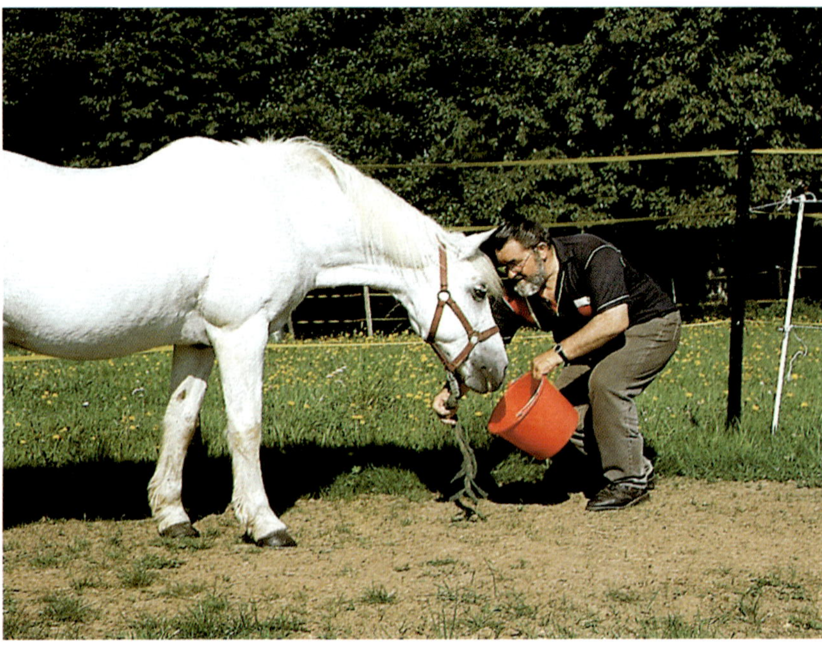

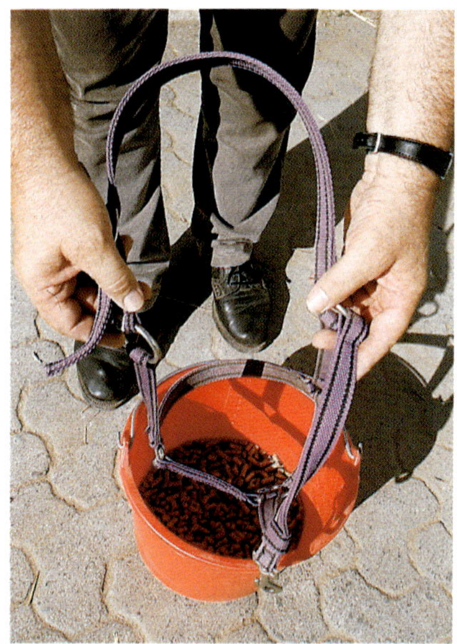

Das Halfter liegt schlupfgerecht über dem begehrten Pelleteimer.

nicht mehr, bei ihr auszumisten. Wir sind fassungslos und kennen unsere sanfte Suleima nicht mehr wieder. Warum nur ist sie plötzlich so aggressiv zu uns? Und wie soll es nur weitergehen?

Antwort

Suleima ist eine gute Mutter, die nur ihr Fohlen, ihr Ein und Alles, vor allen Gefahren schützen will. Sie würde in einer Herde auch den Herdenchef, das ranghöchste Pferd, nicht in die Nähe des Fohlens lassen, aus lauter Sorge, dem Neugeborenen könnte etwas Schlimmes zustoßen oder es könnte außer der Mutter noch eine weitere Bezugsperson anerkennen und ihr folgen wollen.

Bei Hunden etwa kennt man diese übergroße Angst um den Nachwuchs ebenfalls. Fremde dürfen auf gar keinen Fall zu den Neugeborenen, oft sogar auch die eigenen Leute nicht.

Das alles verliert sich bei Hund wie Pferd: Sobald die Stute die erste oder zweite Rosse spürt, interessiert sie sich wieder für andere Pferde und für ihre Umgebung und wird den Weidegefährten und den Menschen gegenüber freundlicher: Kurzum, sie findet zum Alltag zurück, auch wenn sie fremden Personen und anderen Pferden gegenüber noch länger misstrauisch bleibt.

Sie sehen, das ist ein ganz natürliches Verhalten.

Sie sollten lediglich direkt nach der Geburt die Nachgeburt entfernen und die Box säubern (wegen Infektionsgefahr dringend notwendig), die Stute aber für längere Zeit völlig in Ruhe lassen (wohl aber beobachten, ob alles in Ordnung ist), damit die beiden in der so genannten Prägephase von niemandem gestört werden.

Muss das Fohlen geimpft, müssen Mutter oder Kind tierärztlich behandelt werden, brauchen Sie erfahrene Hilfe. Mitunter gieren Stuten nach dem Hafereimer, den ein Helfer hinhalten soll, während Sie das Halfter anlegen.

Wird der Helfer bedroht, dann legen Sie das Stallhalfter schlupfgerecht in den Hafereimer, den Sie auf den Boden stellen. Sobald die Stute die Nase in den Eimer steckt, streifen Sie ihr das

Tipp:

Sobald man ein aggressives Pferd einmal am Halfter packen kann, hat man gewonnen: Nun kann es nicht mehr beißen oder beim Ausschlagen jemanden treffen.

Halfter über und halten sie am angehängten Führriemen fest.

Natürlich müssen Sie eisern zupacken, bis die notwendige Behandlung abgeschlossen ist. Lassen Sie die frisch gebackene Mama noch einige Mäuler voll Hafer naschen, bevor sie tierärztlich behandelt wird. Danach sollte das Halfter wieder abgenommen werden, um ein Hängenbleiben des herumtollenden Fohlens zu vermeiden.

Wenn der Trick mit dem Hafereimer nicht möglich ist, müssen Sie der Stute das Trinkwasser vorenthalten (zum Beispiel das Tränkebecken abstellen). Eine säugende Stute hat ständig Durst, also wird sie sich bald gierig auf den hingehaltenen Wassereimer stürzen. Während die Stute trinkt, soll ein ihr vertrauter Helfer das Stallhalfter anlegen.

Lässt sich das Problem auch so nicht lösen, dann müssen zwei der Stute vertraute Helfer diese mit einer stabilen Stange in die Ecke schieben und dort halftern. Das ist nicht einfach und nur durchführbar, wenn die Helfer beherzt die Stange vor sich her schieben und je nach Reaktion der Stute mal in Hals- oder Kopfhöhe, mal in Brusthöhe eisern festhalten und unbeeindruckt von Drohgebärden die Stute damit in eine Ecke treiben. Sorgen Sie dafür, dass die Stute mit der Stange so abgelenkt wird, dass sie wie gebannt darauf schaut und dadurch mit der Hinterhand in eine Ecke gedrängt werden kann.

Sobald die notwendige Behandlung beendet ist und alle Helfer die Box verlassen haben, reichen Sie der überbesorgten Stute ein Stück Brot, Möhre oder Apfel zur Versöhnung, führen sie unter gutem Zureden bis zur Boxentüre, damit Sie gefahrlos heraus können, entfernen das Halfter und schließen die Türe.

Akzeptieren Sie bitte, dass Ihre Suleima zur Zeit so unberechenbar ist aus Angst um ihr Fohlen. Sie können gewiß sein, dass sie eine ausgezeichnete Mutter ist, die ihr Fohlen bestens zu schützen weiß, wenn sie mit ihm in die Herde eingegliedert wird. Nach wenigen Wochen wird sie sich wieder normal geben, und Sie können alle ausgestandenen Ängste vergessen.

Warnung:

Alles, was mit dem Fohlen geschieht, soll vor den Augen der Mutter geschehen, damit diese nicht wild herumspringt und dabei die Helfer und letztendlich auch sich selbst oder ihr Fohlen verletzt.

Aggressive Jungpferde

Frage

Meine zwei Scheckhengstchen (Abstammung unbekannt) habe ich aus Mitleid halb verhungert aus einem völlig verdreckten Stall gekauft und sie zu prächtigen Jährlingen aufgefüttert. Als Dank dafür beißen und schlagen sie, sobald man ihre große Box betritt, dass einem Angst werden kann.

Der letzte Biß in den Arm war besonders schmerzhaft und will nur schlecht heilen. Inzwischen betrete ich die Box nicht mehr, sondern werfe Heu und Stroh nur noch über die Boxenwand auf den Boden und schütte von außen das Kraft-

futter in die Krippe. Die zwei streiten sich dann auch untereinander, als wären sie kurz vor dem Hungertod. Hufschmied und Impfung stehen irgendwann an; auch müsste die Box dringend mal entmistet werden.

Irgendwie begreife ich das alles nicht. Statt dankbar zu sein, dass ich sie vom Elend erlöst habe und sie endlich auch reichlich Futter vorfinden, greifen sie bei jeder Gelegenheit an. Sind meine Schecken vielleicht von Geburt an bösartige Pferde, oder habe ich sie falsch erzogen?

Antwort

Von Natur aus gibt es keine bösartigen Pferde, wohl aber solche, die verzogen wurden und nun versuchen, in Rangordnungskämpfen den Menschen zu besiegen.

Ihre Schecken sind offensichtlich in den „Flegeljahren" und haben herausgefunden, dass Sie ängstlich reagieren, wenn sie sich Frechheiten herausnehmen. Mit Drohgesten, Beißen, Steigen und Ausschlagen fordern sich vor allem Hengstfohlen gegenseitig zum Spielen auf. Ihre Jährlinge versuchen, Sie auf diese angeborene Art zum Mitspielen zu animieren, was Sie natürlich nicht zulassen dürfen.

▸ Zunächst einmal sollten Sie versuchen, die Box zu einem Offenstall mit Auslauf umzubauen und damit den beiden Halbwüchsigen regelmäßigen Auslauf anzubieten. Dort können sie täglich ihre Kräfte im Spiel miteinander messen, Aggressionen ausleben und bis zur Ermüdung herumtoben. Denn ausreichende Bewegung ist vor

Grund zum Zanken gibt es in einer Herde immer.

Bei Beißversuchen heftig den Kopf wegschieben.

allem für Fohlen zur gesunden körperlichen und charakterlichen Entwicklung notwendig und schafft Ausgleich zur üppigen Fütterung, mit der Sie die beiden aufgepäppelt haben.

- Kürzen Sie für eine Übergangszeit die Kraftfutterration, die oft Anlass zu Übermut oder gar (spielerischer) Angriffslust ist.
- Wenn irgend möglich, sollten Sie die Pferde von Zeit zu Zeit trennen oder in getrennte Boxen stellen, damit sie beizeiten lernen, auch mal alleine zu bleiben, und damit Sie sich jedem Jungpferd einzeln widmen können. Denn nur dann werden Sie Herr der Situation. Nun können Sie zu jedem einzeln in die Box und sich ausgiebig mit einem allein beschäftigen. Beantworten Sie jeden Beißversuch mit einem lauten, strafenden „Nein!“ und einem heftigen Wegschieben des Kopfes – das mögen Pferde nicht!

Reagieren Sie auf jedes Ausschlagen mit einem deutlichen Gertenklaps und einem ebenfalls ärgerlichen, lauten „Nein!“. Sie müssen dabei aber unbedingt außer Reichweite der Hinterbeine bleiben, denn gerade junge Pferde beantworten einen Klaps oft mit Ausschlagen!

- Beschäftigen Sie sich viel mit jedem Jungpferd. Lehren Sie die beiden gutes Benehmen beim Putzen, Anbinden, Hufe geben, aber nur bei jedem einzeln. Der andere bleibt derweil in der Box, damit er keinen Unsinn machen kann (Sie beißen, nach Ihnen oder dem anderen Pferd ausschlagen, Putzzeug herumschleppen, Riemen ankauen).
- Der Futterneid verliert sich bei getrennter Fütterung im Laufe der Zeit, und die Aggression Ihnen gegenüber lässt nach, wenn Sie täglich mit den beiden getrennt arbeiten und auf etwaige Ungezogenheiten konsequent reagieren.

Sobald die Schecken auf die Weide können und das Wetter eine Kastration zulässt, sollten Sie die beiden danach zu anderen Jungpferden in eine Herdengemeinschaft bringen. Dort lernen sie, sich in eine strenge soziale Ordnung einzufügen und damit auch, den Menschen zu respektieren und ihm zu gehorchen.

Aggressive Altpferde

Frage

Zu meinem 12. Geburtstag haben mir meine Eltern ein Shetlandpony geschenkt, das ich zu den Ponys meiner Freundin stellen konnte. Aber jedes Mal, wenn ich zu Kessy auf die Weide komme, beißt sie oder droht mit den Hinterbeinen. Wenn ich aufsitzen will, schnappt sie, und will ich endlich losreiten, geht sie erst mal buckelnd ab.

Der Tierarzt meint, Kessy ist etwa 15 Jahre alt, kerngesund, unverbraucht und ohne körperliche Beschwerden. Ich bin gewiss nicht zu groß oder schwer und verlange nur etwas Spazierenreiten,

Unabhängig davon, wie groß oder stark ein Pferd ist: Der Anbindebalken muss immer bombenfest sein.

keineswegs anstrengende Arbeit. Gutes Futter bekommt sie auch, und sie wird von uns allen geliebt und gut behandelt.

Warum nur ist Kessy so ungezogen zu mir?

Antwort

Bevor Du Deiner Kessy sehr böse bist oder sie gar wieder verkaufen willst, überlege doch einmal, weshalb sie so reagiert. Sie ist schon 15 Jahre alt und hat vermutlich viele Besitzer ertragen müssen, die alle unterschiedlich mit ihr umgegangen sind und gewiss nicht immer sanft zu ihr waren. Nun hat Kessy im Laufe der Jahre herausgefunden, wie man sich um Arbeit drückt und sich mit Frechheiten die Leute vom Leib hält. Ihre Angst an dem neuen Platz, nämlich bei Dir und den neuen Stallgefährten, lässt Kessy unsicher und aggressiv reagieren.

Versuche, Dein Pony zum Freund zu gewinnen. Vergiss mal für die nächsten Wochen das Reiten, beschäftige Dich aber viel mit ihm.

Laß Dir von Erwachsenen helfen, Kessy täglich von der Weide zu holen und draußen fest und sicher anzubinden an einem Platz, wo sie nichts zu fressen findet. Dann putze Kessy ausgiebig; denn fast alle Pferde lieben die Körperpflege, weil dies unter Vierbeinern ein Zeichen der Freundschaft ist.

Vergiss nicht, die Hufe hochzuheben und auszuräumen und pausenlos nett mit Kessy zu reden, damit sie Dich, Deine Stimme, Deinen Geruch und Deine Art des Umgangs kennen lernt.

Geh mit ihr spazieren über Feldwege, wo keine Autos und Motorräder fahren, zeige ihr den Hof und die Umgebung und sprich viel mit ihr. Gib ihr zwischendurch *keine* Leckereien, damit sie das freche Beißen nicht wieder anfängt. Aber kraule oft ihre Lieblingsstellen. So lernt Kessy, sich auf die gemeinsamen Spaziergänge und überhaupt auf Dein Erscheinen zu freuen.

Sollte sie nach Dir schnappen, schiebe ihren Kopf heftig zur Seite und schimpfe laut und strafend „Nein!“. Und das jedes Mal, bis Kessy begriffen hat, dass das Wort „Nein!“ ein Befehl ist und unbedingt respektiert werden muss, weil Du der Chef bist. Wenn sie das begriffen hat, kannst Du sie auch alleine aus der Koppel holen, ohne von ihr angegriffen zu werden.

Sie wird lernen, dass Du nur dann zu ihr freundlich bist, wenn sie brav bleibt.

Übe mit ihr auch das Gehorchen auf Kommando, zum Beispiel „Komm Schritt“ zum Losmarschieren, „laaangsaaam“ zum Langsamerwerden oder „Haaalt“ zum Stehenbleiben.

Im Laufe der nächsten Wochen wird Kessy dann so vertraut mit Dir, dass Du – zunächst unter Mithilfe von Erwachsenen – die ersten Reitversuche machen kannst. Gebrauche dabei ebenfalls viel Stimme, lobe Kessy, wenn sie brav ist, und schimpfe „Nein!“, wenn sie etwas falsch macht.

Kessy hat sich in ihren 15 Lebensjahren diese Unarten vermutlich als „Notwehr“ gegen unvernünftige Reiter und unwissende Besitzer angewöhnt. Das Umgewöhnen dauert darum auch einige Zeit. Aber in den Sommerferien brauchst Du ja nicht auf die Uhr zu schauen: Zeit, Geduld und vor allem Konsequenz brauchst Du, damit aus Kessy wieder ein liebenswertes Pony wird, so wie Shetlandponys ihrem angeborenen Wesen nach sein sollen.

In Stall und Offenstall

In Stall und Offenstall

Wer wie ich in Sachen Pferd oft durch die Lande reist, ist erschüttert, wie manche Offenstallanlagen aussehen: Eine windschiefe Hütte, halb eingestürzt und mehrfach mit Holzlatten abgestützt, die Bretter verfault und gesplittert, herausstehende Schrauben und Nägel, und direkt daneben Landmaschinen ohne Schutzzaun drum herum.

Dann findet man mehrfach geflickte, halb eingestürzte Zäune und Matsch mit eingetrampeltem Mist oder bei Regenwetter stehendes Wasser um den gesamten Stall, verfärbt von Kot und Urin.

Wen wundert es also, dass Behörden und Naturschützer sich schwer tun, neue Offenstallanlagen zu genehmigen.

Spricht man die Besitzer darauf an, antworten sie erstaunt, dass sei doch eine naturnahe Haltung und dreimal gesünder als jede Stallhaltung.

Eine ernsthaft betriebene Offenstallhaltung bedeutet jedoch entgegen weitverbreiteter Meinung mehr Arbeit als reine Boxenhaltung, weil man häufig zertrampelte Pferdeäpfel weitläufig im Paddock zusammensuchen muss. Nicht der Mensch hat direkte Vorteile durch den Offenstall, sondern die Pferde, die dort nach Belieben ein- und ausgehen und sich zanken oder kraulen können. Durch die ständige Bewegung an frischer Luft und in Gesellschaft von Artgenossen sind sie ausgeglichener, zufriedener und meist auch gesünder als einzeln gehaltene Boxenpferde.

Offenstallhaltung

▸ Alle Rassen im Offenstall?

Frage

Seit Jahren schon halten wir Ponys im Offenstall. Nun haben wir uns zwei Warmblut-Absetzer (Oldenburger und Hannoveraner Abstammung) gekauft und möchten diese zu den Ponys in den Offenstall stellen.

Können denn hochblütige Pferde überhaupt im Offenstall gehalten werden? Überstehen sie unsere mitunter strengen Winter ohne gesundheitliche Schäden?

Antwort

Am einfachsten ist die Gewöhnung an einen Offenstall im Fohlenalter. Das junge Pferd wird im Frühjahr geboren, lebt mit seiner Mutter auf der Weide und bleibt einfach „draußen“. Mit den

Selbst Araber genießen den Winter im Offenstall.

ersten kalten Herbsttagen wächst ihm ein dichtes Winterfell, und es ist ausreichend geschützt vor Winterkälte und Nässe.

Alle Rassen können im Offenstall leben, wenn dieser dreiseitig geschlossen und absolut zugluftfrei gebaut ist und wenn, vor allem an nasskalten Tagen, möglichst im Offenstall gefüttert wird.

Je hochblütiger die Abstammung, umso feiner ist meist auch das Winterfell. Aber auch seidige Winterhaare können ihren Zweck erfüllen, nämlich das Ableiten von Regenwasser und Schutz vor Kälte und Schneenässe; denn gerade feine Haare stehen dichter, wie auch der blonde Mensch zwar oft seidige Haare hat, dafür aber deutlich mehr als der Rothaarige.

Hochblütige Pferde bilden bei Bedarf in stärkerem Maße als die grob und lang bepelzten Robusten ein „Fettpuder" aus. Dieses Fettpuder kann man deutlich sehen, wenn man mit den Fingern einige Male gegen die Haarrichtung durchs Fell streicht, das danach hell-staubig und ungeputzt aussieht. Deshalb darf man Offenstallpferde im Winterhalbjahr auch nicht mit einem Pferdestaubsauger putzen, weil man ihnen die notwendige Fettpuderschicht damit wegnehmen würde.

Die im Offenstall gehaltenen Pferde haben natürlich einen höheren Futterbedarf, den sehr hochblütige Pferde nicht alleine mit Heu stillen können, weil ihr Magen-Darm-Volumen auf so viel Raufutter nicht eingerichtet ist. Diesen hochblütigen Pferden, aber auch heranwachsenden Fohlen muss vor allem bei anhaltender Kälte deutlich mehr Kraftfutter angeboten werden, ohne dass die ebenfalls im Offenstall lebenden Ponys zu viel davon bekommen. Robuste Naturrassen brauchen auch im Winter nur wenig Kraftfutter, weil ihr Magen auf große Mengen Raufutter eingerichtet ist und sie durch Hafer nur allzu oft übermütig werden.

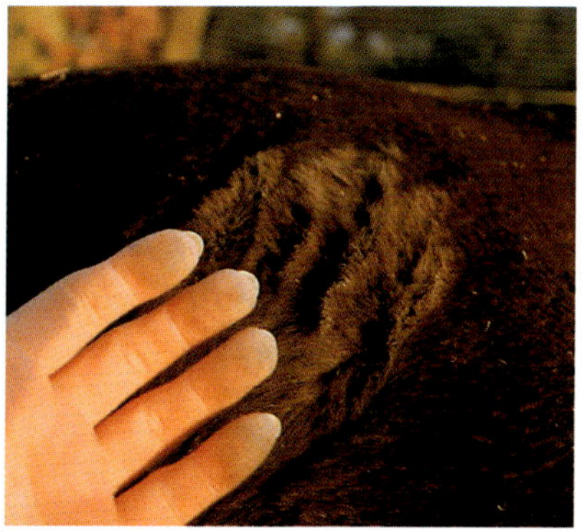

Fettpuder (im Fell und an den Fingerspitzen erkennbar) soll nicht ausgebürstet werden, weil er das Fell Wasser abweisend macht.

Achten Sie also darauf, dass Ihre Warmblutfohlen den ihnen zugedachten Kraftfutteranteil bekommen. Beobachten Sie die beiden Absetzer, die sich in eine neue Herdengemeinschaft einfügen müssen:

- Lassen die Ponys zu, dass die beiden nach Belieben in den Offenstall können?
- Bekommen die Absetzer genügend Futter, ohne von den anderen vertrieben zu werden?
- Können die Fohlen irgendwo in Ruhe ihre notwendige Kraftfutterration verzehren? (Sonst vorübergehend wegsperren oder in Fressständen füttern.)

Auch Pferde aus warmen Ländern wie etwa Araber, Berber usw. können ohne große Probleme im Offenstall gehalten werden. Je hochblütiger und feinfelliger die Pferde oder Fohlen sind, umso sorgfältiger muss man sie allerdings im Offenstall überwachen. Mit Sicherheit sind Ihre Fohlen im Frühjahr zwar nicht so rund wie vergleichbare, die im warmen Stall überwintert haben, dafür aber mit besserer Lunge (frische Luft, viel Bewegung, Laufanreiz, Kältereiz und Wintersonne), besserer Muskulatur und ausgeglichenerem Charakter ausgezeichnet.

▸ Alte Pferde im Offenstall?

Frage

Meine 22-jährige Trakehnerstute Waldfee hat viele erfolgreiche Turnierjahre hinter sich und soll nun „in Rente" gehen, obwohl sie für ihr Alter noch erstaunlich frisch ist. Damit sie auch ohne Arbeit genügend Bewegung hat, soll sie zusammen mit den Pferden, die sie seit der gemeinsamen Sommerweide kennt, einen geräumigen Offenstall beziehen.

Wird sie das verkraften? Kann sie Kälte und Nässe dort überstehen, wo sie doch die letzten Jahre in einem geheizten Turnierstall verbrachte und zeitweise sogar eine Decke trug?

Antwort

Durch den Weidegang im Sommer hat die Stute die beste Voraussetzung für

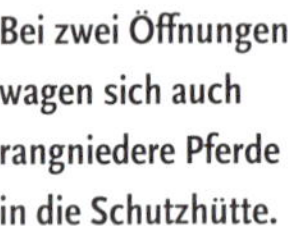

Bei zwei Öffnungen wagen sich auch rangniedere Pferde in die Schutzhütte.

das Weiterleben im Offenstall. Waldfee soll mit den anderen zusammen auf der Weide bleiben. Sobald die ersten Herbststürme kommen, muss sie allerdings eine Möglichkeit finden, sich unterzustellen (Weidehütte, weil Bäume und Sträucher keinen Schutz vor Stürmen bieten). Sie hat wie alle Pferde die Veranlagung, Winterfell auszubilden, aber durch die langen Jahre im warmen Stall wurde der pferdetypische Fellwechsel stark beeinflusst: Zwar vollzieht sich der Fellwechsel auch bei kurzhaarigen Pferden, aber er ist doch über Jahre durch die warme Winterhaltung stark beeinflusst worden und braucht längere Zeit zur Umstellung.

Auch wenn Waldfee kein so dickes und langes Winterfell bekommt wie etwa ein Isländer, so ist sie doch wegen der besonders dichten Haare und der starken Fettpuderbildung (siehe Seite 47) ebenso vor Kälte und Nässe geschützt, wenn Sie einige Dinge beachten:

- Auch wenn Pferde friedlich auf der Weide zusammenleben, kann diese Einigkeit im Offenstall durchaus in handfesten Streit ausarten; denn im relativ kleinen Auslauf können sich die Pferde nur beschränkt ausweichen. Es kann sein, dass ranghöhere Pferde den Eingang zum Offenstall blockieren und rangniedere nicht hinein- oder hinauslassen. Besser also zwei Eingänge bauen, dann ist auch die Gefahr minimiert, dass rangniedere Pferde in eine Stallecke gedrängt und „verprügelt“ werden, weil sie nicht mehr hinaus können.
- Putzen Sie vor allem im Winterhalbjahr Ihre Stute nicht mehr so gründlich wie früher. Freilaufende Pferde pflegen sich gegenseitig das Fell, so dass massierendes, Kreislauf förderndes Putzen wie bei der Stallhaltung nicht notwendig ist. Zu häufiges und zu gründliches Putzen, vor allem mit dem Pferdestaubsauger, ist schädlich, weil man dem Fell die natürliche Fettpuderschicht nimmt. Selbstverständlich muss der oberflächliche Schmutz entfernt werden, damit sich kein Ungeziefer im Fell einnisten kann oder das Fell so verkrustet, dass die Hautatmung erschwert wird.
- Sie dürfen auf keinen Fall an den Langhaaren, also der Mähne, dem Schweifansatz, dem Fesselbehang, oder an den Ohren herumschneiden. Lediglich die Schweifhaare müssen sie nach Bedarf so weit kürzen, dass das Pferd beim Rückwärtsgehen nicht darauf treten kann. Denn alle Langhaare sind als Wetter- und Windschutz notwendig.
- Einem alten Pferd sollte man eine speziell auf das Alter zugeschnittene Kraftfuttermischung anbieten (Futterexperten fragen) und auch deutlich mehr als vorher. Alle Offenstallpferde brauchen mehr Futter, weil durch die niedrige Außentemperatur mehr Kalorien verbrannt werden. Einem alten *und* im Offenstall gehaltenen Pferd muss eine Sonderration an Kraftfutter

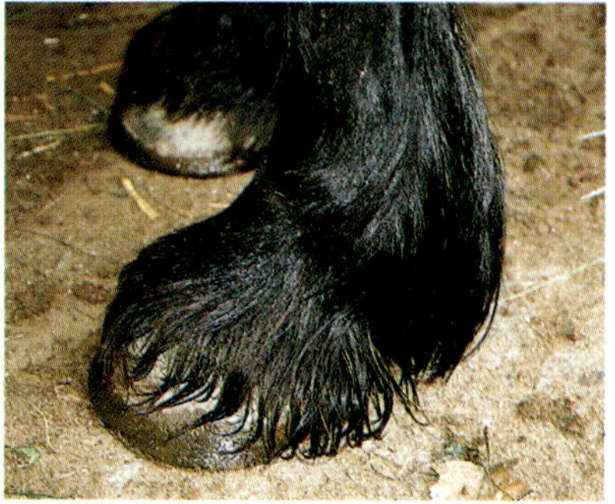

Diesen schützenden Fesselbehang sollte man nicht kürzen.

gereicht werden, die es ungestört von anderen Pferden verzehren kann, weil es mit seinen Alterszähnen oder Zahnlücken beim Kauen mehr Zeit braucht. Deshalb sollten Sie Waldfee für die Kraftfuttermahlzeit aus der Offenstallgemeinschaft herausholen, wenn Sie keine Fressstände haben mit der Möglichkeit der individuellen Kraftfuttergabe.

▶ Zum Schluss muss noch eine Besonderheit erwähnt werden, die wir häufig im Zusammenhang mit der Offenstallhaltung beobachtet haben:

Pferde, die über Jahre im Stall gehalten wurden, sind über die neugewonnene Freiheit und natürliche Lebensweise oft so glücklich, dass sie den Offenstall so wenig wie möglich aufsuchen. Sie müssen also Waldfee sorgfältig beobachten und bei Extremwetter eventuell zu ihrem eigenen Schutz vorübergehend in eine Box stellen. Da Ihre Waldfee schon in der Herdengemeinschaft aufgenommen ist, wird es wohl kaum Probleme mit den anderen Stallgefährten geben.

Auch wenn Ihre Stute früher im Stall eine Decke trug, wird sie diese im Offenstall kaum mehr brauchen. Denn sie wird jetzt nicht mehr geschoren und muss nicht mehr arbeiten; deshalb schwitzt sie kaum noch und kann sich vor Kälte durch Aufstellen der längeren Winterhaare gut schützen.

▶ Schwierigkeiten im Offenstall

Frage

Obwohl meine Pferde einen hellen, geräumigen Boxenstall bewohnten, habe ich auf der angrenzenden Koppel einen Offenstall mit großem Auslauf errichtet, weil in allen Fachzeitschriften steht, wie viel gesünder eine Offenstallhaltung ist. Statt in den Stall kamen also meine fünf (Araber, Appaloosa, Hannoveraner) im Herbst in den Offenstall.

Auf der Weide hatten sich alle gut verstanden. Aber im Auslauf toben und kämpfen sie ständig miteinander. Obwohl für alle reichlich Futter bereitliegt, klappt beim Füttern gar nichts mehr: Es gibt wüste Rempeleien, und die Hälfte des teuren Kraftfutters landet auf dem Boden.

Auch bei Dauerregen gehen sie nicht in den Stall, und der Auslauf ist in kürzester Zeit zu einer Schlammwüste geworden. Obwohl sie regelmäßig entwurmt werden und keine Milben haben, scheuern sie sich Mähnen und Schweife kahl, fressen alles Holz kaputt und ziehen die Koppelstangen auseinander. Und erst die Verletzungen! Der Tierarzt ist Dauergast bei uns wegen der vielen Biss-, Tritt- und Risswunden.

An Reiten ist nicht mehr zu denken, denn die Zeit geht mit Reparaturen und dem Putzen der „Reitschweine“ drauf. Will ich mich einmal einem Pferd extra widmen, werde ich umgerannt, weil jeder der Erste sein will.

Was um Himmels willen habe ich falsch gemacht? Was machen andere Pferdebesitzer anders? Oder gibt es Pferderassen, die man einfach nicht im Offenstall halten kann?

Antwort

Eine Offenstallhaltung kann tatsächlich Schwierigkeiten machen, nämlich dann, wenn

- Pferde schon als Fohlen die langen Wintermonate nur im Stall verbringen mussten und als Ausgewachsene die Box oft auch im Sommer nicht verlassen durften;

- eine Rangordnung bei Pferden offensichtlich trotz gemeinsamen Weideganges noch immer nicht endgültig ausgefochten ist: Das Zusammenleben auf dem relativ kleinen Raum von Offenstall und Auslauf erfordert gesundes Herdenverhalten mit Unterwürfigkeitsgesten und großer Bereitschaft zum Ausweichen der jeweils rangniederen Pferde;
- Pferde über die ungewohnte plötzliche Freiheit einer Offenstallhaltung so außer Rand und Band geraten, dass jede Ordnung über Wochen vergessen ist;
- der Auslauf am Offenstall so klein ist, dass Rangniedere sich bei angestauten Aggressionen der Weidegefährten nicht durch Flucht entziehen können. Der Anreiz des mühsamen Grasens entfällt, weil bei der üblichen Winterfütterung meist pausenlos Raufutter zur Verfügung steht. Üppige Fütterung und mangelnder Bewegungsanreiz tun ein Übriges: Die Pferde rangeln miteinander und stürzen sich aus Langeweile auf Einzäunung und Stalleinrichtung.

Vielleicht haben Sie bei der Errichtung des Offenstalles einige wichtige Dinge übersehen, die eine Benutzung jetzt so problematisch gestalten. Auch Ihre Pferde können sich an den Offenstall mit seinen Freiheiten gewöhnen, wenn Sie Folgendes beachten:

▸ Alle Ecken des Auslaufes, der möglichst 15 x 30 m oder größer sein sollte, müssen abgerundet werden, damit der Ranghöchste die anderen Pferde nicht dort hineintreiben und angreifen kann.

▸ Die Zäune des Offenstallauslaufes sollten mindestens die Höhe von 4/5 der Widerristhöhe der Pferde haben, sichtbar massiv, sehr stabil und wenn möglich mit Elektrozaun vor Verbiss oder Niederdrücken geschützt sein.

Im Herdenverband aufgewachsene Pferde kennen und beachten die Unterwürfigkeitsgeste.

▸ Wichtig auch der Grundriss des Offenstalles: Eine lange Seite sollte ganz offen sein oder mindestens zwei getrennte Eingänge haben, damit kein Pferd den Ein- oder Ausgang blockieren kann.

▸ Zur sicheren Versorgung sollte pro Pferd je ein Fressstand außerhalb der Liegefläche des Offenstalles gebaut werden (überdacht, windgeschützt), damit jedes Pferd in Ruhe seine Mahlzeit verzehren kann, ohne von Ranghöheren verdrängt zu werden. In diesem Fressständen ist auch eine individuelle Kraftfuttergabe möglich. Manche Pferde stellen sich zum Dösen statt in den Stall lieber in einen Fressstand, weil wie wissen, dass sie dort

In den Fressständen kann jedes Pferd ungestört die ihm zugedachte Portion verzehren.

ungestört sind, wenn sie keine Kommunikation wünschen.

- Können – aus welchen Gründen auch immer – keine Fressstände gebaut werden, sollte zumindest in der Paddockmitte eine Rundraufe aufgestellt werden, damit alle Pferde in der großen Runde sich ausweichen und dennoch an Raufutter gelangen können.
- Wenn Sie füttern wollen, gehen Sie auf keinen Fall mit dem Futter mitten durch die Pferdeherde. Das würde zu Futterneid und sofortigen Zankereien untereinander führen; sogar Sie selbst können dabei aus Versehen umgerannt werden. Bauen Sie deshalb am Kopfende der Fressstände einen ca. 1 m breiten Futtergang, den Sie betreten können, ohne durch Paddock oder Offenstall gehen zu müssen.

Sobald die Streitereien ums Futter aufhören, kehrt Ruhe ein. Ihre Pferde sind durchaus nicht unnormal, weil sie so heftig und zunächst unberechenbar auf die neue Freiheit, die Haltung im Offenstall mit Paddock, reagieren. Aber um größeren Problemen von vornherein aus dem Weg zu gehen, entlassen Sie zunächst nur zwei Pferde in die große Winterfreiheit. Nach wenigen Tagen kann dann immer ein weiteres dazugelassen werden, bis die Herde wieder zusammen ist.

Viele Ausläufe sind im Winterhalbjahr mehr oder weniger eine Matsch-Mondlandschaft. Nicht immer ist ein Befestigen möglich (keine Genehmigung/kein Eigentum/knapp bei Kasse ...). Zur Gesunderhaltung der Hufe ist es aber wichtig, auch im Winterhalbjahr den Wechsel von weichem, hartem, trockenem und nassem Boden möglich zu machen.

- Trocken und weich kann die Einstreu des Offenstalles sein.

  Nass und weich ein Teil des Paddocks (Matsch, Sand oder Hackschnitzel).
- Trocken und hart erreichen Sie durch das Pflastern der Fläche in den Fressständen und ein bis zwei Meter rund um den Offenstall. Pflaster muss durchaus nicht teuer sein, wenn man Steine II. Wahl nimmt oder bereits gebrauchte erneut verlegt.

Im Fressstand: Der Eimer mit dem Kraftfutter wird auf die Heuration gestellt.

In einer Raufe für Rundballen können auch andere Heuballen oder Gras angeboten werden.

Es ist völlig normal, dass vor allem Wallache gerne miteinander rangeln, steigen, sich gegenseitig in die Beine kneifen oder nach einander ausschlagen. Es hilft Aggressionen abbauen, stärkt Lunge und Muskeln und schafft zufriedene, ausgeglichene Pferde. Stuten lieben solche rauen „Männerspiele" weniger; wenn sie die Möglichkeit haben, sich derweil in einen der Fressstände zurückzuziehen, kehrt auch bei Ihren Pferden schnell Ruhe ein.

Gesunde Offenstallpferde wälzen sich gerne ausgiebig und genussvoll. Wenn der Auslauf kein gepflegter Sand- oder Hackschnitzelauslauf ist, sondern ein zertrampeltes Stück ehemaliger Wiese, sehen Pferde nach dem Wälzen natürlich „schrecklich" aus. Aber: Dieser Schmutz ist nur oberflächlich und gut abzubürsten, sobald er einigermaßen getrocknet ist. Außerdem kann man Pferde, die nicht unbedingt stallsauber sind, durchaus reiten, wenn man (zur Vermeidung von Satteldruck, Gurtdruck) nur den groben, oberflächlichen Schmutz entfernt.

Vom Futtergang aus können Heu und Kraftfutter gereicht werden, ohne dass man zwischen gierig herumgiftenden Pferden herumlaufen muss.

Wir reiten seit über 30 Jahren unsere Offenstallpferde nach nur oberflächlicher Reinigung ohne jegliche Gesundheitsprobleme. Nur wenn wir an Veranstaltungen teilnehmen, putzen wir gründlicher und waschen bei warmer Witterung auch die eine oder andere Körperstelle oder wenn nötig das ganze Pferd.

Einstreuprobleme

▸ Welches ist die beste Einstreu für Pferde?

FRAGE

Seit Jahren streuen wir unseren Turnierpferden dick und reichlich Stroh ein. Inzwischen hat der letzte Landwirt in unserer Gegend seinen Betrieb aufgegeben, und wir müssen sehen, wo wir überhaupt noch Stroh herbekommen.

Man hört so viel von anderen Einstreumaterialien wie Sägemehl, Torf, Laub, Hanfstroh oder Strohcobs. Sogar geschnipseltes Zeitungspapier oder Sand findet sich in den Ställen.

Die angebotene Fülle verunsichert mich, zumal jeder nur auf seine Einstreu schwört. Gibt es überhaupt die *beste Einstreu?*

ANTWORT

Die beste Einstreu, die für jedes Pferd in jeder Stallanlage die Richtige ist, gibt es nicht.

Stroh ist bei den Pferden selbst noch immer die beliebteste Einstreu, wie Untersuchungen zum Schlaf- und Ruheverhalten von Pferden zeigen. Aber es sind noch viele weitere Einstreumaterialien erprobt worden, es ist deshalb schwierig, von einer einzigen idealen Einstreu zu sprechen.

Bei jeder Art der Einstreu muss man sich vorab fragen, ob man das nötige Geld und die entsprechende Lagerkapazität hat und vor allem, was mit dem Mist samt dazu gehörender Einstreu geschehen soll.

Als Entscheidungshilfe kann ich Ihnen nur einige der bekanntesten Einstreumaterialien mit den mir bisher bekannten Vor- und Nachteilen aufzählen:

▸ Sand ist als Einstreu denkbar ungeeignet, denn er ist kalt und, da er den Urin nicht aufsaugt, ständig feucht, so dass sich schnell schlimmer Gestank ausbreitet. Außerdem ist der „Sandmist“ ungeeignet für den Komposthaufen, und auch der Landwirt will diesen „Mist“ nicht.

▸ Ebenso ungeeignet ist Laub als Einstreu, denn nur selten wird Laub trocken genug geerntet – es fällt ja im nassen Spätherbst erst von den Bäumen. Und wenn es mit Kot und Urin benetzt ist, wird es schnell zu einer matschig-faulen Masse, ohne den Urin aufzusaugen. Außerdem wird Laub aus Neugier oder Langeweile von den Pferden verzehrt, was zu Verdauungsstörungen oder bei Pilzbesiedlung zu Vergiftungen führen kann.

▸ Torf hat den Vorteil, dass er sehr saugfähig ist, stark Geruch bindend und ein wertvoller Bodenverbesserer. Aber zur Schonung der nur noch wenigen Moore sollte auf Torf als Einstreu verzichtet werden. Außerdem fanden sich bei Versuchen mit Torf feinste Staubpartikel in der Luft, die die Atemwege der Pferde belasten können. Torf ist also, wenn überhaupt, nur als Unterbau für eine Matratzenstreu im Pferdestall geeignet.

▸ Sägemehl zum Selbstabholen aus dem Sägewerk oder als abgesackte Ware frei Stall ist sehr saugfähig, braucht wenig Platz auf der Tenne oder dem Mist und bringt guten Geruch in den Stall, wenn es frisch ist. Aber es verrottet leider nur sehr langsam, weshalb viele Landwirte den Sägemehlmist nicht wollen. Wird frisches Holz verschnitten und das Sägemehl nicht absolut trocken oder zu dick aufeinander gelagert, kann es zu Schimmelnestern kommen, die vor allem für die Atemwege gefährlich sind.

▸ Als alternative Einstreu wird recyceltes Papier aus zerstückelten Zeitungen, in praktischen Quadern verpackt, angeboten, das nur wenig Lagerraum braucht und (wenn es aus Tageszeitungen hergestellt wurde) sehr saugfähig ist und auch auf der Mistmiete ausgebreitet schnell zu gutem Kompost verrottet. Der Preis und die je nach Wohnort horrenden Anlieferkosten lassen viele Stallbesitzer jedoch davor zurückschrecken.

▸ Gehäckseltes Leinen- oder Hanfstroh als Einstreu wird ebenfalls als Platz sparende Sackware angeboten. Von Vorteil sind die hohe Saugfähigkeit und schnelle Abbaubarkeit im Mist, und es wird wegen der Bitterstoffe von Pferden normalerweise gemieden. Als Nachteil gelten – wenn es doch verzehrt wird – Kolikgefahr, der Preis und die Lieferkosten.

▸ Strohmehl ist selbst herstellbar und hat je nach Wunsch eine Schnittlänge von 1 bis 10 cm. Es ist deutlich saugfähiger als das normallange Stroh. Es zeichnet sich durch geringe Lagerkapazität sowohl auf der Tenne als auch im Mist aus und verrottet sehr schnell. Bei notorischen Strohfressern kann es zu gefährlichen Koliken kommen. Außerdem schlägt die Grundanschaffung des Häckslers teuer zu Buche. (Evtl. für mehrere Pferdebesitzer in Maschinengemeinschaft?)

▸ Strohpellets sind auch für Strohallergiker geeignet, weil durch die hohen Temperaturen bei der Pelletierung Keime und Pilzsporen abgetötet werden, die allergische Symptome auslösen. Von Vorteil auch die geringe Lagerkapazität auf der Tenne und auf dem Mist. Als Nachteil sollte erwähnt werden, dass es nicht ganz auszuschließen ist, dass die Pferde davon naschen (Kolikgefahr). Und auch der Preis incl. Anlieferung ist relativ hoch.

Bei allen Einstreuarten, bei denen der ungewollte Verzehr befürchtet wird, hilft es mitunter, über die Streu eine dünne Schicht Sägemehl auszubringen. Pferde mögen den Sägemehlgeschmack nicht, so dass sie auf einen Verzehr (meistens, aber Ausnahmen gibt es leider immer) verzichten.

▸ Warnung:

Leider sieht man noch immer in manchen Ställen, dass verschimmeltes, fauliges, vergammeltes Heu, das nicht zum Verzehr geeignet ist, als Einstreu Verwendung findet. Es drohen viele Gefahren; denn Pferde naschen oft aus Langeweile an der Einstreu. Außerdem wird sie bei jeder Bewegung aufgewirbelt, und die Pilzsporen gelangen in die Atemwege. Vor allem jedoch beim Liegen atmen Pferde den giftigen Schimmelstaub ein.

▸ Matratzenstreu – pro und contra

FRAGE

Wir ziehen mit unseren Warmblütern in einen neuen Stall, der wegen der Reithalle für uns und unsere Turnierpferde sinnvoller ist als der „alte“ Stall.

Leider stehen dort alle Pferde auf Matratzen, die nur alle paar Monate gänzlich erneuert werden.

Nun meinen Freunde, unsere Pferde würden deswegen mit Sicherheit krank, würden Strahlfäule bekommen und chronische Atemwegserkrankungen. Wir haben im neuen Stall die Besitzer der Nachbarpferde deswegen befragt und erfahren, dass deren Vierbeiner teilweise schon mehr als 10 Jahre dort stehen, ohne bisher groß krank gewesen zu sein. Der Stallbesitzer lehnte es ab, unsere Turnierpferde auf andere Einstreu zu stellen, weil er alle Boxen regelmäßig maschinell entmistet und keine Sonderwünsche duldet. Der Stall macht einen gepflegten Eindruck: Die Pferdebollen werden täglich zweimal grob entfernt, nach Bedarf wird etwas Stroh (oder Sägemehl bei den Allergikern) nachgefüllt, und die Luft im Stall wirkt frisch. Was bedeutet die Matratzenstreu für uns und unsere Pferde? Und sind Matratzen wirklich so schädlich wie ihr Ruf? Oder sollten wir uns besser nach einem anderen Stall umsehen?

Antwort

Der Zweck jeder Einstreu ist es, den Liegekomfort (Liegedauer) zu erhöhen, die anfallende Feuchtigkeit aufzunehmen, den Geruch zu binden und den Boden rutschfest zu machen.

Jeder Pferdebesitzer, jeder Pensionspferdehalter hat seine eigene Einstreumethode und schwört darauf. Er kann viele positive Aspekte gerade für seinen Stall anführen und hat alle Gerätschaften und Lagerräume auf diese seine Einstreuart eingerichtet.

Man kennt in Pferdekreisen die tägliche *Wechselstreu*, die *Matratzenstreu* und die *Mischform* aus beiden Einstreuarten.

Die tägliche *Wechselstreu* hat den Vorteil, dass die Einstreu stets duftig frisch ist, keine Ammoniakbildung die Nasen der Zwei- und Vierbeiner stört und keine Strahlfäule zu erwarten ist.

Aber auch Nachteile sind bekannt: Ist die tägliche Einstreu nicht dick genug oder nicht extrem saugfähig, bleiben Urinpfützen auf dem Boxenboden, die allmählich irgendwo versickern oder aus der Box herauslaufen. Die Liegezeit ist deutlich geringer, und das Aufstehen fällt den Pferden schwer, wenn die geringe Einstreu dabei wegrutscht.

Ist die tägliche Einstreu üppig bemessen, wächst der Bedarf an Lagerfläche für das Einstreumaterial vor der Benutzung und für den Misthaufen. Landwirte wollen den Mist nicht, der hauptsächlich aus fast trockener Einstreu besteht.

Die *Matratzenstreu* isoliert gegen die Bodenkälte, hat eine hohe Saugfähigkeit und zeichnet sich durch eine besonders weiche Liegefläche aus: Es kommt zu deutlich längeren Liege- und Erholungszeiten beim Pferd, und auch die Rutschgefahr ist gebannt.

Von großem Nachteil kann der Geruch von Kot, Urin und Fäulnis sein (Ammoniak), der die Atemwege schädigt und Strahlfäule bedeuten kann. Außerdem vermehren sich in diesem Milieu Darmparasiten und Bakterien, vor allem für Fohlen schädlich, die täglich mehrere Stunden auf der Einstreu liegen. Da die meisten Boxenwände bis zum Boden geschlossen sind, kann keine frische Luft zirkulieren.

Die *Mischform* aus beiden Einstreuarten, die *richtig* angelegte und gewartete Matratze, bietet einen guten Kompromiss:

Die unterste Schicht der Einstreu soll aus besonders saugfähigem Material sein (wie Sägemehl, Strohmehl, Hanf- oder Leinenstrohmehl), die festgetreten wird und dann etwa 10 cm hoch sein soll. Diese Schicht soll die anfallende Feuchtigkeit aufsaugen. Wenn man dann noch über diese Saugschicht Algomin (Korallalgenkalk aus dem Landhandel) aufträgt oder Stable fresh (aus dem Versandhandel), hilft dies, entstehende Gerüche zu binden und den späteren Mist zu wertvollem Dünger zu machen.

Darauf kommt eine mindestens ebenso dicke Schicht ungehäckseltes Stroh, das ebenfalls festgetreten werden soll, bevor das Pferd einzieht. Diese Schicht soll den Kot auffangen, den Staub der Unterschicht binden und den Geruch verbessern.

Der Kot muss mindestens zweimal täglich entfernt und das beim Entmisten mitentfernte Stroh durch eine entsprechende Menge frisches Stroh ergänzt werden. Beim Entmisten darf man nicht in die unterste Schicht stechen, denn wenn Luft an diese Schicht kommt, entsteht Gärung und damit der gefürchtete Ammoniak- und Fäulnisgeruch.

Bei dieser Mischform des Einstreuens wird täglich mindestens zweimal oberflächlich gesäubert und nachgestreut und je nach Boxengröße alle zwei bis drei Monate die komplette Einstreu bis auf den Boden entfernt und der Untergrund mit Wasser gereinigt.

Bei reiner Sägemehlstreu bzw. der Streu mit ähnlichen Materialien entfällt der Aufbau einer sogenannten Matratze. Dann müssen die Sägemehlschichten gründlich festgetreten und

Bei festgetretener Strohunterlage lässt sich der Mist leicht absammeln.

der oberflächliche Staub durch einen Hauch Wasser aus der Gießkanne grob gebunden werden. Diese Schicht sollte dann 15 bis 20 cm hoch sein. Auch hier ist der Mist täglich zweimal abzusammeln und regelmäßig neues Sägemehl nachzustreuen, so dass die Box angenehm riecht.

Sobald sich Uringeruch bemerkbar macht, sollte das noch gute Sägemehl zur Seite gerecht und die feuchte Stelle total entfernt werden. Auf diese Stelle streut man zum Beispiel Algomin, füllt in das Loch die zur Seite gerechte, aber noch gute Schicht des alten Sägemehls als unterste Saugschicht ein und schüttet eine dicke Schicht neues Sägemehl über den gesamten Boxenboden.

Sie sehen also, dass alle Einstreuvarianten Vor- und Nachteile haben. Es kommt in erster Linie auf die Pflege an, bei der Sie sicher den Stallbesitzer unterstützen dürfen, wenn Sie sachgerechte Hilfe anbieten.

▶ Einstreu bei Auslaufhaltung

Frage

Seit Jahren schon halten wir Ponys der verschiedensten Rassen gemeinsam in unserem großen Offenstall. Vor dem Stallbau ist ein gut befestigter, großer Auslauf; anschließend lädt ein Streifen Ödland zum Austoben ein. Im Stall selbst wird wöchentlich eine dicke Strohschicht eingestreut und von Zeit zu Zeit vollständig ausgewechselt.

Mich ärgert, dass die Pferde fast ausschließlich ihren Kot, vor allem aber den Urin, im Stall absetzen, statt ihn im befestigten Auslauf oder dem Ödlandstreifen zu lassen, von wo er leichter abzusammeln ist.

Unsere Katzen und der Hund halten doch auch ihr Lager sauber, warum nur unsere Ponys nicht?

Antwort

Natürlich gibt es Tiere, die „stubenrein" sind, nämlich alle, die in freier Wildbahn ihr Nest, ihre Höhle haben, wo sie Zeit ihres Lebens wohnen, ihre Jungen aufziehen oder gar ihren Winterschlaf halten. Deren Nachwuchs gehört meist zu den „Nesthockern", das heißt, die Jungen bleiben über längere Zeit fast ständig „zu Hause", bis sie groß genug sind, um sich draußen zurechtzufinden. Nesthocker sind bei der Geburt oft blind, haar- oder federlos, fast noch embryonal. Deren Dauerwohnungen müssen gründlich sauber gehalten werden, damit sich dort keine Keime, Pilze, Viren oder Bakterien ansiedeln können.

Pferde dagegen sind „Nestflüchter". Bereits wenige Stunden alte Fohlen können der Mutter überallhin folgen; ihr Schutz ist nicht ein Verstecken, sondern die Flucht. Da bleibt es egal, wo sie Kot und Urin absetzen, weil sie diese Kotstellen ihrem Instinkt nach bald wieder für längere Zeit verlassen.

Pferde lieben zum Absetzen von Urin vor allem weichen Untergrund, weil dort die Flüssigkeit sofort aufgesaugt wird und nicht wie bei hartem Boden die Beine bespritzt. Kot wird meist dort abgesetzt, wo sich ein Pferd gerade aufhält. Ausnahmen sind Hengste und (spät kastrierte) Wallache, die meist ihren Kot auf schon vorhandene Pferdeäpfel absetzen, um damit ihren Besitzanspruch anderen Pferden gegenüber geltend zu machen. Sind Hengste alleine auf einer Koppel, türmen sie ihren Kot an wenigen Stellen auf. Es ist also normal, wenn Pferde den weich eingestreuten Stall aufsuchen, um dort Urin und (zum Glück seltener) Kot abzusetzen.

Um zumindest eine Stallhälfte einigermaßen sauber zu halten, trennen Sie im Stall den Liegebereich vom Fressplatz strikt ab und pflastern den Futterbereich. Pferde lassen ihren Kot häufig dort fallen, wo sie gerade ihre Mahlzeit verzehren; damit ist zumindest ein Teil des Kotes auf festem Boden und damit leicht zu entfernen.

Wenn Sie dann noch in einer Ecke des Fressbereiches etwas (wirklich nur wenig, damit die Pferde den Platz nicht zum Schlafplatz umfunktionieren) Stroh aufschütten, werden die Pferde zumindest während der vielen Stunden, die sie mit Fressen ausfüllen, auch dort ihren Kot und Urin absetzen. Wenn Sie diese Ecke säubern (möglichst ein bis zwei Mal pro Tag), lassen Sie immer einen Kothaufen liegen; der animiert die Pferde, den Platz zum

Riverdance hat sich nach Hengstmanier einen Mistplatz angelegt, den er immer wieder aufsucht.

Koten und Urinieren immer wieder aufzusuchen.

Im Liegebereich können Sie beispielsweise Arbeit sparendes Sägemehl als Einstreu verwenden. Dieses „Bett" ist weich und lockt zum Hinlegen. Es wird meist sauberer gehalten, weil Pferde einer Untersuchung zufolge eindeutig Stroh zum Absetzen von Kot und Urin bevorzugen.

Warnung:

Lassen Sie sich auf keinen Fall dazu verleiten, Ihre Pferde zu strafen, wenn Sie sie beim Absetzen von Kot und Urin im Liegestall ertappen. Tiere können eine Strafe für etwas Natürliches, das im Erbgefüge verankert ist, unmöglich verstehen.

Der befestigte Auslauf verführt ebenso wenig wie das bei Frost knochenharte und bei Regenwetter vermatschte, rutschige Ödland zum Stallen und Äpfeln.

Loben Sie Ihre Vierbeiner, wenn diese in dem Moment Kot absetzen, während Sie mit Schubkarren und Mistbesteck arbeiten. Wir lassen unsere Pferde beim Entmisten am Schubkarren schnuppern, worauf sie sich oft umdrehen und man nur noch die Schaufel unter den Schweif halten muss. Einige Pferde von Freunden haben mit Lob und Leckereien sogar gelernt, Urin in den Eimer zu geben, wenn die Pfleger sie (während des Stalldienstes) dazu auffordern. Ihnen das beizubringen erforderte allerdings viel Geduld, Zeit, Einfühlungsvermögen und eisern durchgehaltene Stallzeiten.

▶ Gummimatten statt Einstreu?

Frage

Seit etwa fünf Jahren halten wir Turnierpferde in geräumigen Boxen. Jedes Jahr tauchen die gleichen Probleme auf: Wohin mit dem vielen Stroh, das wir vom Landwirt beziehen und zur Erntezeit direkt ab Feld im eigenen Stall lagern müssen. Und wohin mit dem Mist, der wegen der Stroheinstreu ein riesiges Volumen hat.

Jetzt lasen wir in einer Pferdezeitung, dass man Gummimatten direkt auf den Betonboden legen kann und dann kaum noch oder gar keine Einstreu mehr braucht. Das wäre doch unsere Lösung, oder?

Antwort

In Kuhställen kennt man diese Gummimatten schon sehr lange als „Liegebett“. Sie bedeuten eine enorme Arbeitserleichterung für den Landwirt, obwohl viele Kühe Liegeschwielen zeigen und auch die Liegehäufigkeit gegenüber sauberer Stroheinstreu nachweisbar geringer ist. Pferde werden zum Glück nicht in solchen Massen gehalten wie Kühe. Da sollte doch Zeit bleiben, individuell einzustreuen.

Vor wenigen Jahren lief an einer Uni-Tierklinik eine Studie über das Liege-Verhalten der Pferde bei verschiedenen Einstreumaterialien, so auch mit Stroh, Sägemehl verschiedener Strukturen, blankem Betonboden und Gummimatten mit und ohne Einstreu. Es zeigte sich, dass die Stroheinstreu zu den längsten Liege- und damit Erholungszeiten einlud, der Gummiboden ohne Einstreu aber kaum zum Hinlegen genutzt wurde.

Stallmatte aus einem Recycling-Kunststoff-Gummigemisch

Gummiboden in Boxen hilft Einstreu sparen, weil dieser Boden weicher und wärmer ist als der Betonuntergrund. Aber ganz ohne Einstreu geht es nicht, weil der Kot aufgenommen und vor allem der Urin irgendwie aufgesaugt werden muss.

Etwas anders sieht es aus bei Offenstallhaltung mit anschließendem Sand- oder Hackschnitzelpaddock oder einigermaßen festen Weiden als Auslauf. Da genügt ein Gummiboden ohne Einstreu, weil der Offenstall nur bei extremer Witterung und ausschließlich zum Liegen genutzt wird.

Gummiböden für den Stall/Offenstall oder auch Stallmatten gibt es in verschiedenen Varianten. Jede Firma kann Gründe nennen, weshalb gerade ihre Stallböden die besten sind. Deshalb sollten Sie sich vor dem Kauf bei verschiedenen Firmen kundig machen und Folgendes beachten:

- Weiche, wasserdurchlässige Matten, Platten oder Pflastersteine scheinen auf den ersten Blick ideal zu sein, sieht man doch, wie schnell etwa ein Eimer Wasser abgelaufen ist. Dabei darf man nicht vergessen, dass Urin stark riecht und bald Ablagerungen bildet, wobei die feinen Poren im Laufe der Zeit unter anderem auch durch zertrampelten Kot verstopfen. Da nutzt häufiges Nachspülen wenig; der Geruch wird im Laufe der Zeit immer strenger, wenn man keine Chemie verwenden will.

- Dann werden Stallböden angeboten, die ebenfalls dank vieler Löcher durchlässig sind. Die einzelnen Platten werden so verlegt, dass sie auf Noppen stehen. Deshalb bleibt unter den Matten ein Hohlraum, der regelmäßig von oben und unten mit Wasser durchgespült werden kann/muss. Auch wenn die Struktur deutlich gröber ist als die oben genannten weichen Matten, so bleibt die Problematik doch leider die gleiche.
- Außerdem gibt es Matten, die absolut feuchtigkeitsdicht verlegt werden, dann aber mit Gefälle zur offenen Stallseite, damit Urin nach draußen abfließen kann, was den Uringeruch im Stall deutlich vermindert, wenn auch hier regelmäßig gespült wird.

Bevor man sich für eine solche Lösung entscheidet, sollte man im Freundeskreis herumfragen, wie dort die Ställe ausgelegt sind. Bitten Sie die Firmen, Ihnen Referenzlisten zu schicken, damit Sie die Ställe mit den jeweiligen Matten selbst anschauen und die Besitzer nach ihren Erfahrungen fragen können.

Tipp:

Schauen Sie sich möglichst die Ställe an, in denen die Matten schon einige Jahre liegen. Neu sind alle Bodenbeläge viel versprechend.

Fragen Sie die Firmen nach Unbedenklichkeitsbescheinigungen, um sicherzugehen, dass die Matten keine Giftstoffe beinhalten oder ausgasen. Wir legten neue, stark riechende Stallmatten auf Steine über eine Ameisenstraße und konnten innerhalb kurzer Zeit beobachten, dass die Ameisen neue Wege anlegten und erst einige Tage nach dem Entfernen der Matten die alten Wege wieder benutzten.

Nacktschnecken, die sonst jede erdenkliche dunkle, schattige Abdeckung nutzen, um sich tagsüber zu verstecken, mieden diese Matten ebenfalls, weshalb wir auf den Einbau dieser von Ameisen und Schnecken „biogetesteten“ Stallmatten verzichteten.

Fragen Sie auch unbedingt nach der Rutschfestigkeit; denn wenn Pferde mehrere Male ausrutschen (beim Aufstehen oder beim Herumgehen), werden sie den Stall meiden. Dann bleibt zwar der Bodenbelag sauber, aber der Stall ist damit für die Pferdehaltung fast wertlos geworden.

Holzpflaster

Frage

Weil Eisenbahnschwellen wegen der chemischen Vorbehandlung als hochgiftig deklariert wurden, möchten wir den Stallboden und den überdachten Teil des Auslaufes für unsere Pferde mit Holzpflaster auslegen. Unsere Fragen dazu:

Holzpflaster

Gibt Holzpflaster den Pferdehufen genügend Halt?

Kann man durch Holzpflaster Einstreu sparen oder gar darauf verzichten?

Wie ist es mit der Haltbarkeit des Materials?

Antwort

Wer es sich früher leisten konnte, stellte sein Arbeitspferd auf einen Boden aus wärmedämmendem Holzpflaster mit Strohauflage.

Auch heute noch, im Zeitalter des Betons, ist Holzpflaster für Pferdeställe eine empfehlenswerte Unterlage für die Einstreu: Hautfreundlich, wärmedämmend und relativ rutschfest sind die Prädikate des Baustoffes Holz.

Wer handwerklich geschickt ist und die nötigen Werkzeuge hat, kann sich aus noch gut erhaltenen Rund- oder Kanthölzern 10 bis 15 cm lange Stücke zuschneiden.

Ganz ohne Imprägnierung hat das Holzpflaster eine deutlich geringere Lebenserwartung als das geschützte. Es gibt inzwischen umweltfreundliche Imprägniermittel, die Sie am besten einige Wochen vor dem Einbau verstreichen sollten, damit sie nicht mehr ausgasen.

Über die Haltbarkeit entscheiden mehrere Faktoren:

- zum einen die Holzart. Hartholz ist deutlich langlebiger als Weichholz, aber eben auch deutlich teurer;
- dann die Tiefe der Imprägnierung (Anstrich, Tauch- oder Druckverfahren) und das Imprägnierungsmittel;
- letztendlich auch die Nutzung: Pferde mit Stollen treiben schnell Löcher vor allem in Weichholz, in denen dann geringe Mengen Urin ein Verfaulen beschleunigen.
- Mit entscheidend ist auch die Stallgröße im Verhältnis zum Pferdebestand.

Wenn die einzelnen Pflaster„steine“ regelmäßig betreten werden, werden sie im Laufe der Zeit glatt. Das kann man verzögern, indem man

- ▸ entweder jedes Holzstückchen abfast (also die Kanten bricht),
- ▸ die Holzteile auf Lücke legt und die Zwischenräume mit Sand ausfugt,
- ▸ oder die Teile nicht absolut auf die gleiche Höhe verlegt (nur zwei oder drei Millimeter Höhenunterschied).

Auf diese Art wird das Holzpflaster recht rutschfest.

Bei Boxenhaltung muss man unbedingt Einstreu auf das Holzpflaster ausbringen, damit der Urin aufgesaugt und der Kot aufgenommen wird. Die Einstreu kann aber dünner sein als bei vergleichbaren Betonböden.

Bei Offenstallhaltung mit entsprechend ausgerüstetem Auslauf braucht der Stall keine oder nur sehr wenig Einstreu. Es kommt dabei auch auf den Pferdetyp an: Rassen mit dünnem Fell und knochigem Körperbau sowie Fohlen und ganz alte Pferde suchen deutlich häufiger den Schutz des Stalles und brauchen die Möglichkeit, sich weich betten zu können. Robustpferde, wozu viele Ponyrassen zählen, suchen deutlich weniger die Ställe auf und schlafen oft lieber draußen selbst auf hart gefrorenem Boden als im dreiseitig geschlossenen Offenstall, der ihnen die gewünschte freie Sicht einschränkt. Im Notfall legen sie sich mit ihrem auch an den Beinen dichten Fell auf das Holzpflaster, ohne Schäden zu erleiden.

Vorteil der Außenbox: Hengst Tullamore hat alles im Blick.

▸ Einstreu umgraben

FRAGE

Mein Württemberger Wallach Ringo steht in einem Reitstall, der noch viele andere Pferde beherbergt. Er hat also reichlich Pferdegesellschaft um sich herum. Trotzdem gräbt er Tag und Nacht in seiner Einstreu. Es ist fast unmöglich, bei ihm auszumisten, weil man die Bollen gar nicht mehr finden kann. Durch das Wühlen stinkt es erbärmlich. In dieser miesen Luft steht Ringo, und Mistflecken auch am Kopf deuten darauf hin, dass er in dieser zerwühlten Einstreu geschlafen hat.

Warum nur macht er das, und wie kann man ihm das Umgraben der Einstreu abgewöhnen?

ANTWORT

Pferde sind von Natur aus Bewegungs- und Herdentiere. Werden diese „Läufer" zu einem Leben in einer Box gezwungen, reagieren sie auf Bewegungsmangel und das Gefühl der Einsamkeit (trotz anderer Pferde in Nachbarboxen) oft mit Ersatzhandlungen, den so genannten „Unarten".

Einige Pferde wandern in der Box unruhig hin und her, andere knabbern am Holz herum, wieder andere schlagen aus Frust an die Boxenwände, koppen, weben ... Die Liste ließe sich noch beliebig fortsetzen.

Ihr Pferd scharrt in der Einstreu herum. Auch das ist eine Ersatzhandlung für die eingeschränkte Freiheit.

Die einfachste Abhilfe wäre das Umstellen in einen Offenstall zusammen mit anderen Pferden.

Wenn das nicht möglich ist, versuchen Sie die Umstellung in eine Box mit Blick nach draußen zu einer Straße, dem Reitplatz oder Häusern.

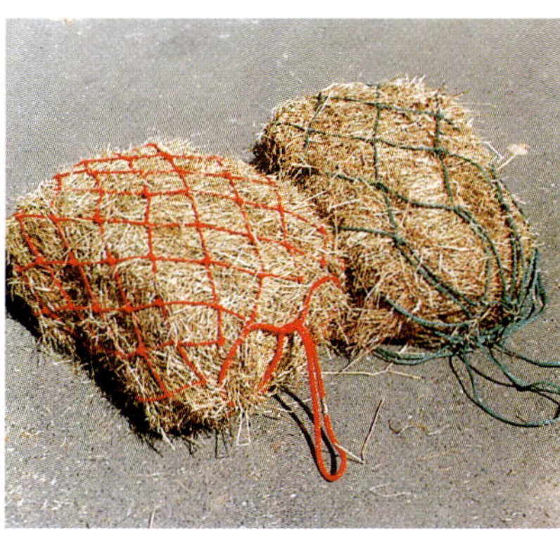
Zwei Heunetze mit entscheidendem Unterschied: links: dickes, griffiges Seil, enge Maschen und große Ringe als Abschluss; rechts: dünnes, glattes Seil, viel zu große Maschen, durch die das Heu herausfällt (und in die Pferdehufe u. U. hineinpassen!), winzige Ringe als Abschluss – mit Handschuhen nur umständlich zu befüllen.

So kann Ihr Pferd ständig irgendwas beobachten, das ablenkt vom Eingesperrtsein.

Manchmal hilft es, Pferde innerhalb der Stallungen auszutauschen. Wenn Boxennachbarn sich nicht leiden können, kann es zu Frusthandlungen kommen, zu denen auch das Mistwühlen zählt.

Kürzen Sie wenn irgend möglich die Boxenwand zu einem befreundeten Nachbarpferd, damit sich die beiden gegenseitig beknabbern und kraulen können.

Eine andere Einstreu kann ebenfalls das Mistwühlen verhindern helfen. Sägemehl zum Beispiel verleitet nicht so zum Wühlen wie Stroh, in dem Ringo ständig nach wohlschmeckenden Halmen oder gar Restgetreide sucht.

Reichen Sie Ihrem Pferd das Raufutter im engmaschigen Heunetz und legen Sie Steine in die Futterkrippe. So ist Ringo mit den Mahlzeiten länger beschäftigt, weil er jeden Bissen aus dem Netz ziehen oder die einzelnen Pellets oder Getreidekörner umständlich heraussuchen muss.

In der freien Natur müssen sich Pferde ihr Futter mühsam zusammensuchen; unseren Wohlstandspferden wird es im „goldenen Käfig", der Pferdebox, im Übermaß serviert, was Langeweile bedeuten kann.

▶ Kot fressen

Frage

Mein Fohlen, der sechs Monate alte Black Gordon, frisst manchmal den Kot anderer Pferde. Er hat doch im Offenstall mit großem Auslauf gewiß genug Abwechslung und auch Spielgefährten gegen Langweile. Das Kotfressen sieht nicht nur unappetitlich aus; ich habe auch Angst, dass er davon krank wird oder vielleicht gar schon ist!

Antwort

- Wenn Saugfohlen den Kot ihrer Mütter – selten auch den anderer Pferde – fressen, ist das eine instinktmäßige Handlung, um die eigene Darmflora damit zu ergänzen. Diesen natürlichen Vorgang darf man nicht durch Strafen unterbinden wollen.
- Vor allem nach starkem Durchfall suchen Fohlen, aber auch ältere Pferde den frisch gesetzten Kot ihrer Stallgefährten.
- Mitunter kann auch ein Mangel an Mineralstoffen, Spurenelementen und Vitaminen ein Grund für das Kotfressen sein. Hier hilft die Beratung durch einen Futterexperten.
- Darüber hinaus sollten Sie sicherheitshalber einen Tierarzt zu Rate ziehen; denn auch eine Verwurmung ist als Ursache für exzessives Kotfressen denkbar.

Kot und Urin anderer Pferde werden von Fohlen und Ausgewachsenen gerne „untersucht". Sie scharren darin herum oder nehmen gar ein wenig davon auf. Dieses Verhalten stammt noch aus der Zeit der Wildpferdeherden, deren Mitglieder am Kot erkennen wollten und mussten, wer diese Stelle soeben passiert hatte und ob Fremde sich in der Nähe der Herde herumtrieben.

Sie sehen also, dass Kotfressen viele Gründe haben kann. Es verliert sich mit zunehmendem Alter und hinterlässt bei regelmäßigen Wurmkuren keinerlei gesundheitliche Schäden.

Wohin mit dem Mist?

Wer aus Liebe zu den Pferden einen alten Bauernhof kauft, mit Wiesen, Weiden und Ställen, ahnt häufig nicht, was alleine wegen des Mistes auf ihn zukommen kann. Viele Ställe stehen schon seit Jahren leer: Die Dunglagerstätte ist abgerissen oder zur Garage umgebaut, und der frisch gebackene Pferdebesitzer denkt zunächst nur an den Umbau des Stalles zum Offenstall und das Herrichten der Scheune zum Futterlager. Den Mist karrt er irgendwo in eine Ecke, ohne sich weitere Gedanken darüber zu machen. Spätestens wenn die Nachbarn wegen der Fliegen- und Geruchsbelästigung Sturm laufen, ist der Ärger mit Behörden vorprogrammiert.

Zunächst einmal einige Daten, die über die Menge des täglich anfallenden Mistes und damit über die Größe einer Dunglagerstätte Aufschluss geben:

Pro Pferd und Tag rechnet man je nach Pferdegröße und im Schnitt mit 10 bis 20 Kilogramm reinem Mist. Zusammen mit Urin und Einstreumaterial ergibt das pro Tag etwa 20 bis 25 Kilogramm Masse, die vor allem bei Stroheinstreu zunächst großen Platzbedarf hat. Auch wenn sich der Mist im Laufe der Zeit verdichtet (also zusammenfällt), so kommen im Jahr doch gewaltige Mistmengen zusammen, so dass mit einer Lagerfläche von drei bis fünf Quadratmeter pro Pferd gerechnet werden muss. Selbst wenn genügend Lagerfläche zur Verfügung steht, bleibt noch immer die Frage offen, was mit dem Mist geschehen soll.

Wie wichtig dieses Thema bei jeder Art der Pferdehaltung ist, zeigen viele Prozesse, die schon um die Lagerung und Nutzung von Mist durchgezogen wurden.

Schnell kommen gewaltige Mistmengen zusammen.

Musterbeispiel eines Mistlagers: Betonplatte mit Gefälle zur Jauchegrube

▸ Stallneubau und Mistgrube

Frage

Nach langem Hin und Her ist es uns endlich gelungen, eine Baugenehmigung für unseren Pferdestall zu erhalten – es war ein regelrechter Kampf mit den verschiedenen Behörden, obwohl die Gemeinde uns vorab einen positiven Bescheid gab. Nun ist endlich die ersehnte Genehmigung da, aber man macht uns unglaubliche Auflagen für den Bau einer Dunggrube: So sollen wir zum Beispiel eine säurefeste Bodenplatte bauen mit Gefälle zu einer Jauchegrube! Mist und Grube zusammen kosten ja mehr als der geplante Stall!

Freunde von uns haben vor Jahren ohne behördliche Genehmigungen einfach einen Stall gebaut und lagern den Mist direkt daneben, ohne dass sich bisher jemand drum kümmerte. Das kann doch wohl nicht sein, oder?

Antwort

Noch immer bauen Pferdebesitzer irgendwelche abenteuerlichen Schutzhütten in die Gemarkung, weil sie mal hörten, dass man für einen Weideunterstand bis zu 15 cbm umbautem Raum keine Genehmigung beantragen muss. Aber diese Regelung gilt in den meisten Bundesländern schon lange nicht mehr! Wer jetzt noch gutgläubig einfach irgendwo eine Hütte oder einen Stall baut, muss mit hohen Strafen und natürlich einem (teuren) Abriss rechnen.

Ihre Freunde haben also bisher einfach Glück gehabt: Vielleicht denkt jeder, der den Stall sieht, er wäre genehmigt. Aber irgendwann fällt die wilde Mistlagerung unangenehm auf, und dann kommt neben dem Abriss eine Kostenlawine auf den Besitzer zu.

Dass auch wohl verborgene Stallbauten und wilde Mistlagerungen entdeckt und verfolgt werden, zeigt eine Aktion, die vor kurzem in einigen Gemeinde ablief: Da flogen Hubschrauber im Tiefflug über die Dörfer und Feldgemarkungen, drehten etliche Runden über jeder gefundenen Hütte oder Mistlagerung, und einige Tage

Sauber angelegte Mistgrube für den langsam verrottenden Spänemist: fester Untergrund, stabile Einfassung

später überprüften Beamte der Umweltbehörde vor Ort alle entsprechenden Anlagen und Plätze. Da hagelte es Anzeigen, da wurden strenge Auflagen gemacht und später überprüft. Und Misstrauen machte sich in den Orten breit, weil einige besonders betroffene Pferdehalter meinten, Neider hätten die Behörden alarmiert.

Das Hessische Ministerium für Landwirtschaft, Forsten und Naturschutz hat ein Merkblatt herausgegeben, das dem Landwirt und Pferdehalter Hinweise zur Vermeidung von Umweltbelastungen geben und ihm helfen soll, Konflikte mit geltenden Rechtsvorschriften zu vermeiden. Mit nur geringen Abweichungen hat dies auch in den anderen Bundesländern Gültigkeit. Dort heißt es (inhaltlich zusammengefasst):

„Für Festmist *(dazu zählt der Pferdemist)* muss die Bodenplatte je nach Pferdebestand ausreichend groß, befestigt und dicht sein. Eine Umfassung der Dungstätte an drei Seiten ist zweckmäßig. Die Dungstätte ist so anzulegen, dass der Sickersaft nicht in Gebäude, auf Straßen und feste Wege oder in Wege- oder Wiesengräben einfließen kann.

Zwischenlager für Festmist *(bei Kompostierung von Pferdemist notwendig)* in der Feldflur sind nur dann ohne befestigte Bodenplatte und ohne Auffangbehälter für Jauche möglich, wenn Beeinträchtigungen der Oberflächengewässer oder des Grundwassers nicht zu erwarten sind.“

Je nach Bundesland und je nach der Bodenbeschaffenheit der Stallanlage können Sie den Bau einer Jauchegrube für Pferdehaltung vermeiden, wenn Sie nachweisen, dass die Einstreu im Stall

Der Sickersaft sollte besser über Rinnen in eine Grube abgeleitet werden, statt frei über den Hof zu fließen.

den Urin völlig aufsaugt (im Gegensatz zur Rindvieh- oder Schweinehaltung) und durch ein entsprechendes Gefälle in der Dunggrube das einsickernde Regenwasser nicht nach außen abfließen kann, sondern durch den festen Pferdemist aufgesaugt wird.

Bei allem Zorn um die Mehrausgaben bedenken Sie, dass Sie zu den wenigen glücklichen Pferdebesitzern gehören, die überhaupt noch eine Stallbaugenehmigung erhalten; denn leider sehen es die Behörden lieber, dass alle Pferde bei Landwirten in einem bereits bestehenden Betrieb untergebracht werden, statt in eigener Regie und möglichst in Wohnhausnähe versorgt zu werden.

▶ Umbau der Mistgrube

Frage

Unser Nachbar – wir wohnen am Dorfrand – hat seine Ponys abgeschafft, als die Kinder erwachsen wurden und auszogen.

Der Mist lagert im Schatten und ist unter dem Wildwuchs längst kompostiert. Da wird das Huhn sicher viele Würmer finden!

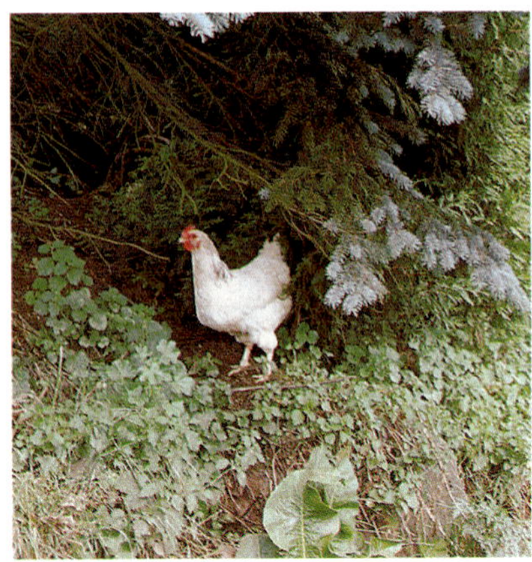

Deshalb können wir den Stall samt der dazu gehörenden großen Weide kaufen und unsere eigenen Pferde dort unterbringen.

Schon seit Jahren hat uns der Misthaufen gestört, der direkt neben unserem Wohnhaus liegt, von Brennesseln, Disteln und Brombeeren total überwuchert ist, über Jahre kontinuierlich wuchs und natürlich auch vor allem bei Wetterumschwung starke Duftwolken ins Haus schickte. Jetzt endlich können wir einen neuen Misthaufen anlegen und möchten von Ihnen gerne einige Tipps haben, auf was wir besonders achten müssen.

Antwort

Fragen Sie den Nachbarn möglichst noch vor dem Kauf der Stallanlage, ob diese überhaupt genehmigt ist. Denn sonst könnten Ihnen irgendwann eine Geldstrafe und Abrissverfügung drohen.

Vorausgesetzt, eine Genehmigung liegt vor und es wurden keinerlei Auflagen zur Mistlagerung gemacht, dann können Sie frei planen.

Legen Sie die Mistgrube so an, dass der neue Mistplatz

- möglichst abseits Ihres und der benachbarten Wohnhäuser,
- und abseits des eigenen Pferdestalles liegt,
- durch Hecken vor neugierigen Blicken verborgen,
- trotzdem auch bei Regenwetter gut mit dem Traktor zu erreichen ist
- und kein Sickerwasser in fremde Grundstücke, über öffentliche Wege oder Straßen- und Wiesengräben eindringen kann.

Der Dauermistplatz sollte einen feuchtigkeitsdichten, säurefesten Untergrund haben. Das kann eine Beton-Bodenplatte sein aus entsprechend säurefestem Beton; aber auch Schwimmbadfolie hat sich im Bekanntenkreis über Jahre bestens bewährt.

Damit der Mist gut stapelbar ist, können Sie die Grube dreiseitig mit einer Betonmauer umkleiden. Aber auch Rundholz- oder Bohlenwände tun gute Dienste.

An der Trennmauer zwischen Mistlager und Verladeweg sorgt eine stabile Schwimmbadfolie dafür, dass keine Sickersäfte auf die Straße gelangen.

Sind rund um die Mistgrube feste Wege, kann der Dung kräfte- und zeitsparend mit einem Frontlader abgeladen werden.

Wenn Sie dann noch rund um die Dungstätte Pflastersteine legen, so dass ein Frontlader später den Mist aufnehmen kann, haben Sie alles zur Arbeitserleichterung getan.

Gegen den ja nach Witterung mehr oder weniger starken Mistgeruch können Sie auf die einzelnen Mistlagen Algomin streuen. Das ist Korallalgenkalk, den Sie über den Landhandel beziehen können und der den Düngewert des Mistes steigert. Eine gelegentliche Abdeckung mit Stroh und Erde hilft ebenfalls den Wert des Mistes steigern und den Geruch binden.

Brennnesseln, Disteln und andere Wildkräuter dürften dann auch ohne Chemie oder aufwändige Arbeit keine Chancen mehr haben.

▸ Mist ist nicht gleich Mist

Frage

Wir haben von einem Auswanderer den kleinen Bauernhof mit Pensionspferdehaltung übernommen samt allem lebenden und toten Inventar. Eigentlich läuft alles ganz gut: Kein Einsteller hat sein Pferd woanders hingebracht. Unser einziges Problem ist der Pferdemist: Der Landwirt, der von unserem Vorgänger immer den Mist abgeholt hat, will ihn nicht mehr. Er beschwert sich, dass wir zum Beispiel unsere Küchenabfälle auf den Misthaufen werfen und das Rasengras sowie im Herbst das Laub unserer Obstplantage. Mein Vater, ein alter Westerwälder Bauer meint, man habe schon immer Küchenabfälle und Laub auf den Mist geworfen und den Dung trotzdem verwenden können.

Antwort

In der Nachkriegszeit wurde alles, was nur halbwegs abbaubar war, auf den Misthaufen geworfen, weil Mist rar und vor allem für die steinigen, ausgelaugten Äcker unendlich wichtig war. Wer konnte sich vor allem im armen Westerwald schon Kunstdünger leisten!

Inzwischen haben sich die Zeiten gründlich geändert. Dank der häufigen Umstellung vieler Betriebe auf reine

Pferdehaltung ohne jeden Ackerbau und oft ohne eigene Heuwiesen wird Pferdemist heute überall angeboten und das Abholen teilweise schon teuer bezahlt. Da hat kaum ein Landwirt noch Interesse an so genanntem Problemmist, werfen doch viele Menschen aus Unwissen alles Mögliche auf den Misthaufen, was dem Landwirt die rentable Verwendung erschwert.

Völlig ungeeignet für die Mistgrube sind Bonbon-, Schokoladen- und Kaugummipapierchen, wie sie vor allem Kinder gerne dorthin werfen, wo auch Erwachsene ihr Zigarettenpapier und ihre Getränketüten loswerden. All diese Dinge lassen sich ebenso wenig kompostieren wie Getränkedosen, Plastiktüten und Heukordel, die später häufig in Teilen des Miststreuers hängen bleiben und schon manche teuren Reparaturen zur Folge haben.

Aber auch Astwerk, Weidezaunlitze, Isolatoren und Nägel werden gedankenlos in die Mistgrube geworfen und müssen später, wenn der Mist nicht untergeackert, sondern auf Wiesen ausgebracht wird, mühevoll per Hand aufgelesen und entsorgt werden.

Problematisch im Mist ist auch Häcksel, das beim Zerkleinern von Sträuchern und Büschen anfällt, dicke Hackschnitzel, die beim Entmisten des Paddocks mit aufgesammelt werden und Hufhorn in großen Stücken, wie es bei der Schmiedearbeit anfällt, sowie langhalmiges, dickstängeliges Gras. All das sind zwar Naturprodukte, die aber sehr lange lagern müssen, bis sie endlich verrotten und der Mist als Kompost brauchbar wird.

Unter gewissen Voraussetzungen geeignet sind Heu- und Strohreste und Rasenmähgut, die dünn über dem Mist ausgebreitet werden müssen, denn als zusammengeballte Masse schimmeln diese Materialien, statt im Mist zu kompostieren. Ebenso müssen Gartenabfälle (ohne chemische Zusätze) sowie Schimmelbrot oder die Stalleinstreu aus Sägemehl gut über der Mistoberfläche verteilt werden. Problematisch kann Laub werden, vor allem von Nussbäumen mit seinem hohen Gerbsäureanteil und von Kastanien oder Edelkastanien: Das sind Laubsorten, die sehr lange brauchen bis zur Zersetzung und ebenso wie Efeureste

So viel reinen Mist (hier ohne Einstreu) produzieren 6 Pferde in 24 Stunden!

möglichst nicht auf den Mist gelangen sollten.

Laub in geringen Mengen sollte ebenfalls dünn über der Mistschicht ausgebreitet werden; dann bildet es keine Schimmel- oder Fäulnisreste.

Warnung:

Wenn Brot- oder Kraftfutterreste mit dem Mist kompostiert werden sollen, müssen sie möglichst tief eingegraben werden, damit Hunde nicht die verschimmelten Reste ausgraben und verzehren.

Obwohl Landwirte lieber Stroh- als Sägemehlmist nehmen, weil zum Beispiel Sägespäne deutlich länger als Stroh brauchen, um zu Kompost zu werden, so mögen sie dennoch keinen Mist mit übergroßem Anteil an langhalmigen Stängeln, die ebenfalls lange Zeit zum Verrotten brauchen.

Reden Sie nochmals mit dem Landwirt. Lassen Sie sich genau erklären, was er an Ihrem Mist auszusetzen hat, und versprechen Sie, die Dunggrube von Fremdkörpern frei zu halten. Bieten Sie darüber hinaus ein Tauschgeschäft an: Sie kaufen ihm Heu und Stroh und evtl. Hafer ab und er nimmt dafür (kostenlos) Ihren Mist. Das klappt in vielen Ställen, vielleicht auch bei Ihnen.

Wer braucht Mist?

FRAGE

Wir halten drei Pferde am Haus. Den anfallenden Mist stapeln wir in einer Dunggrube, die inzwischen respektable Ausmaße angenommen hat. Was machen wir nur mit dem vielen Mist? In unserer Nachbarschaft will ihn offensichtlich niemand.

Im Feld zum kompostieren aufgeschütteter Strohmist

ANTWORT

In der Nachkriegszeit, als möglichst jeder sein Gärtchen hatte, um zu überleben, wurde den Landwirten der Mist geradezu abgebettelt. Heute gibt es immer weniger Kleingärtner, und so stellt sich die Frage, was man mit dem Mist anfangen soll.

Ich habe mich im Freundeskreis umgehört und bin auf interessante Lösungen gestoßen:

- Manche Landwirte nehmen den Pferdemist, wenn er vom Pferdebesitzer direkt nach der Getreideernte auf die Stoppeläcker gefahren wird. Hat man keine Möglichkeit, den Mist selbst dorthin auszubringen, macht es mancher Landwirt gegen eine Bezahlung (Spritkosten).

- Die Besitzer zweier Fjordpferde haben eine Vereinbarung mit einem Gärtner getroffen: Dieser liefert sackweise Torf, den er nach geraumer Zeit „gedüngt" zurücknimmt.
- Ein Ponybesitzer sammelt die Pferdeäpfel mit Rechen und Schaufel von der Weide und dem Auslauf. Ein Müllsack im passenden Gestell nimmt die Bollen der zwei Ponys von zwei Tagen auf. Wohl verschnürt wartet der Sack dann auf die Abholung durch einen befreundeten Gärtner, der alle paar Tage die Säcke abholt und gelegentlich ein paar Blumen oder Gemüse mitbringt.
- Finden Sie keinen Abnehmer im Bekanntenkreis, so sollten Sie in der Tageszeitung inserieren. Es melden sich auf solche Anzeigen erfahrungsgemäß zum Beispiel Landwirte ohne eigene Viehhaltung, Schrebergärtner oder Champignonanbauer. In einem Fall wird von einem Erdbeeranbauer der (Stroh-)Mist einer großen Stallanlage abgeholt.
- Geflügel haltende Landwirte mischen gerne den als „scharf" bekannten Mist ihres Federviehs mit dem „milden" Mist aus Pferdeställen, da sich der Nährstoffgehalt von Pferde- und Geflügelmist gut ergänzt.
- Wer gute Kontakte zu Förstern pflegt, kann nach Absprache den Mist auf Wildäcker bringen oder auf einem bestimmten Baumstück ausbringen.
- Große Stallanlagen haben oft Absprachen mit den Lieferanten von Heu, Stroh und Hafer. Diese Produkte müssen natürlich bezahlt werden, denn der Pferdemist hat keinen offiziellen Marktwert, aber als Gegenleistung nimmt der Landwirt dann von Zeit zu Zeit den Mist ab.
- Mitunter gelingt auch ein Deal mit dem Spänelieferanten, der die Späne im Container liefert und nach der Nutzung im Pferdestall – natürlich gegen entsprechende Bezahlung – wieder abholt.

Diese Schächte am Weg oder in freier Gemarkung weisen auf eine Wasser-Pumpstation hin.

Selbstverständlich kann der Mist auch auf die eigenen Vieh- und Heuwiesen ausgebracht werden. Aber er sollte vorher gut kompostiert sein, damit die Wurmeier abgetötet werden und der typische Mistgeruch verschwindet, der alle Pferde instinktiv diese Grasstellen meiden lässt, die mit eigenem Mist „gedüngt" oder besser verseucht sind.

▶ Mist kompostieren

Frage

Trotz aller Mühen finde ich niemanden, der meinen Mist will. Aber in einem Stall mit 10 Pensionspferden fällt allerlei Mist an, den ich nun kompostieren und dann auf die eigenen Heuwiesen und Weiden ausbringen möchte.

Wie geht das? Was muss ich dabei beachten? Und wie sind die gesetzlichen Vorschriften?

ANTWORT

Das Hessische Ministerium hat auf Grund einer Ausarbeitung des KTBL (Kuratorium für Technik und Bauwesen in der Landwirtschaft) eine genaue Definition herausgegeben, was Stallmist ist und wie man damit verfährt. Sie wird bundesweit ähnlich ausgelegt.

In Hessen heißt es (sinngemäß zusammengefasst und entsprechend gekürzt):

„Festmist bzw. Stallmist ist nach § 1 Nr.2 Düngemittelgesetz ein Wirtschaftsdünger, der dazu bestimmt ist, unmittelbar oder mittelbar Nutzpflanzen zugeführt zu werden, um deren Wachstum zu fördern, ihren Ertrag zu erhöhen oder ihre Qualität zu verbessern (BGBl S. 2725). Er fällt bei der Stallhaltung landwirtschaftlicher Nutztiere an und ist ein Gemisch aus Kot, Harn und Einstreu. Als wirtschaftseigener organischer Dünger findet er vorrangig im Frühjahr und Herbst, insbesondere in Betrieben des ökologischen Landbaus, als wertvoller Nährstoffträger Verwendung. Im Zusammenhang mit verschiedenen Formen artgerechter Tierhaltung gewinnen Festmistsysteme wieder an Bedeutung.

Grundsätzlich sollte der notwendige Lagerraum auf der Betriebsstätte vorhanden sein, damit die Zwischenlagerung am Feldrand vermieden werden kann.

In Ausnahmefällen kann jedoch eine Zwischenlagerung des Mistes auch außerhalb der Betriebsstätte erforderlich werden, so u.a. bei beengter Hoflage und begrenzter Lagerkapazität, bei witterungsbedingt eingeschränkter Befahrbarkeit der Wiesen und bei ungeeignetem Entwicklungszustand der Grasnarbe. *(So weit die für Pferdehalter wichtigen Gründe)*

So ähnlich wie dieses Gebäude, im hohen Gras, am Hang oder im Gebüsch versteckt, sehen überall die Wasserhäuschen aus, in deren weitem Umkreis kein Mist oder Kompost gelagert werden darf.

Festmieten zum Zwecke der Zwischenlagerung außerhalb der Betriebsstätte sind keine baulichen Anlagen. Sie bedürfen daher keiner Baugenehmigung.

Die ordnungsgemäße Zwischenlagerung von Festmist außerhalb der Betriebsstätte muss nach Art, Umfang und Dauer so gestaltet werden, dass eine Beeinträchtigung der Schutzgüter Wasser und Boden nicht zu besorgen ist und die des Landschaftsbildes auf ein Mindestmaß begrenzt wird.“

Anforderungen an die ordnungsgemäße Zwischenlagerung von Festmist außerhalb der Betriebsstätte

Kriterium	Regelung / Empfehlung
Vorbehandlung des Mistes	Vorrotte von mindestens 3 Wochen auf einer befestigten Dungplatte
Standort • grundsätzlich	• Nur auf landwirtschaftlich genutzten Flächen • Jährlicher Wechsel ist erforderlich **Verbot** • Auf nicht bewirtschafteten und stillgelegten Flächen • Auf Wiesen, wenn in unmittelbarer Nähe eigene Ackerflächen zur Verfügung stehen
• aus Sicht des Boden- und Gewässerschutzes	Tonhaltige Böden sind zu bevorzugen. **Verbot** • Auf stark durchlässigen Böden • Auf gedränten und staunassen Flächen • In Wasser- und Heilquellenschutzgebieten je nach örtlicher Schutzgebietsverordnung • Wenn das Eindringen anfallenden Sickerwassers in das Grundwasser zu besorgen ist • Bis zu einem Abstand von 100 m zu Wassergewinnungsanlagen ohne Wasserschutzgebiet • Bis zu einem Abstand von 20 m zu natürlichen Gewässern und nicht ständig wasserführenden Gräben sowie im Überschwemmungsbereich von Fließgewässern • Wenn der Grundwasserflurabstand weniger als 1,5 m beträgt
• aus Sicht des Naturschutzes	**Verbot** • Auf Flächen i.S.d. 4. Abschnitts des Hessischen Naturschutzgesetzes (HENatG) • In Biotopen nach § 20 c Bundesnaturschutzgesetz (BNatSchG) und § 23 HENatG; weitergehende Bestimmungen sind zu beachten

Kriterium	Regelung / Empfehlung
Gelagerte Mistmenge	• Hat in einer pflanzenbaulich sinnvollen Relation zu den damit zu düngenden Flächen zu stehen
Anlage der Miete	• Auf möglichst kleiner Grundfläche sowie mit geringer und ebener Oberfläche • In Hanglagen sind Vorkehrungen gegen das Durchsickern von Niederschlägen am Mietenfuß und gegen das oberflächige Ablaufen von Sickerwasser zu treffen
Abdeckung der Miete	• Wird nach Ablauf der thermophilen Phase (4 bis 6 Wochen nach Aufsetzen der Miete) mit einem atmungsaktiven und wasserableitenden Stoff (z. B. Stroh oder Vlies) empfohlen
Unterflursicherung	• Empfehlenswert bei flachgründigen, bei leichten Böden oder bei Misten mit geringen Trockenmassegehalten • Erforderlich, wenn mindestens zwei der zuvor genannten Kriterien vorliegen Geeignet sind grundsätzlich Tonminerale, bei nicht sickerwasserbildenden Misten aber auch Stroh. Bei Verwendung von Tonmineralen sind beim Abräumen des Mistes die oberen 5 bis 10 cm der Unterflursicherung mit aufzunehmen und auszubringen.
Lagerdauer	• Möglichst kurz, d.h. bis zum nächstmöglichen, pflanzenbaulich sinnvollen Ausbringtermin • Maximal 6 Monate Ist die Ausbringung nach Ablauf dieser Frist aus Witterungsgründen nicht möglich, hat sie unverzüglich zum nächstmöglichen Zeitpunkt zu erfolgen.
Bewirtschaftung nach Räumung des Lagerplatzes	• Bodenbearbeitung nur dann, wenn unmittelbar nach Räumung des Lagerplatzes eine pflanzenbauliche Nutzung (kein Leguminosenanbau!) erfolgt • Keine Stickstoff-Düngung auf umgebrochenen Lagerplätzen im Folgejahr

So weit nun zu den gesetzlichen Empfehlungen, die Örtlichkeit der Mistmiete betreffend.

Am einfachsten wird es sein, Sie stellen einen Traktoranhänger so auf, dass Sie zu jeder Zeit über eine Bohle mit der Mistkarre auf den Wagen können, um bei jedem Stalldienst den Mist direkt dort abzukippen. Sobald der Wagen voll ist, fahren Sie ihn zu der für eine Mistmiete geeigneten Platz und laden ihn ab. Der stalleigene Mistplatz sollte trotzdem voll funktionsfähig beibehalten werden, falls Sie zum Beispiel bei Glatteis, Schnee oder tagelangem Regenwetter den Wagen nicht wegfahren und ausleeren können.

Aufsetzen der Mistmiete

Der Mist wird nicht einfach irgendwo am Mistplatz abgekippt und endlos aufeinandergestapelt, sondern die für die Kompostierung vorgesehene Fläche sollte ca. 3 m breit und maximal 1,5 m hoch aufgestapelt werden. Mit jeder Ladung wächst er in die Länge. Liegt der Mist im Schatten, windabgewendet (damit er nicht austrocknet) und nicht zu hoch aufeinander, so siedeln sich bald von alleine Würmer an, die sich rasend schnell vermehren, wenn sie sich wohl fühlen, und den Mist in kurzer Zeit um die Hälfte schrumpfen lassen. Die Würmer folgen jeder Neuaufschüttung und durchwandern in wenigen Monaten den ganzen Misthaufen, der dabei zu kostbarem Kompost wird.

▸ Bei großer Sommerhitze empfiehlt sich das Abdecken mit Stroh, um ihn vor Austrocknung oder Verbrennung zu schützen. Wenn möglich, sollte man den Komposthaufen dann zusätzlich bewässern.

Praktisch: mit dem Schubkarren direkt auf den Wagen

- Bei Dauerregen hilft eine Strohabdeckung nur dann, wenn der Mist nicht plan, sondern dachförmig angelegt wurde, so dass das Regenwasser abfließen kann.
- Bei Mist ohne Strohbeimischung oder Sägemehlmist kann man die zur Verrottung nötige Durchlüftung nur erreichen, indem man dünne Schichten grobes Stroh oder ganz feines, trockenes Reisig untermischt.
- Als Komposthilfe für schnellere Verrottung eignen sich Kompoststarter (im Landhandel erhältlich), Algenkalk (um bei holzigem Material Harze zu lösen und Gerbstoffe zu neutralisieren) und ein Lehm-Erdegemisch. Und vor allem Würmer, die man in großen Mengen kaufen und dem Mist beisetzen kann. Allerdings dürfen diese erst nach der Erhitzungsphase im Komposthaufen eingegraben werden, sonst wandern sie ab.

Was geschieht während der Verrottung?

Nach dem Aufhäufen entwickelt sich Wärme, die zusammen mit Luft und Feuchtigkeit die Verrottung einleitet. Dabei entstehen Temperaturen

„Verbrannter" Mist deutet auf zu große Hitze bei mangelnder Feuchtigkeit hin.

Fleißige Helfer: Diese Kompostwürmer sind von selbst zugewandert.

zwischen 50 und 70 Grad. Kleinstlebewesen, Algen, Pilze und Bakterien (nur im Mikroskop sichtbar) vermehren sich in unvorstellbaren Mengen, die dem Mist anhaftenden Pferdeparasiten und Unkrautsamen werden dabei vernichtet.

Nach dem Abklingen der Hitze ziehen Kompostwürmer ein, die sich ebenfalls enorm vermehren und durch den Verzehr der noch nicht verrotteten Teile des Misthaufens diesen zu wertvollem Kompost umwandeln. Dabei schrumpft der Haufen deutlich zusammen.

Wann ist Umwandlung von Mist zu Kompost beendet?

Der Kompost ist reif, wenn er eine krümelige Beschaffenheit hat und nach Walderde duftet, was je nach Ausgangsmaterial und Verrottungsbedingungen zwischen 6 Monate und einem Jahr dauern kann, bei Sägemehlmist ohne Hilfsmaßnahmen mehrere Jahre.

In reifen Zustand kann er auf Pferdeweiden ausgebracht werden, weil er für die Pferde dann keine abstoßende Wirkung mehr ausübt (wie etwa frischer Mist). Außer bei Frost kann der Mist zu jeder Zeit ausgebracht werden. Sinnvoll ist die Ausbringung auf Heuwiesen und Weiden im Frühjahr mit dem Vegetationsbeginn, damit er vom Frühjahrsregen eingewaschen und bald vom Gras restlos überwuchert wird, also zu Weidebeginn und vor der Heuzeit nicht mehr erkennbar ist.

Auf Standweiden sollte er erst im Spätherbst nach Weideabtrieb ausgebracht werden, damit der Kompost während der Vegetationsruhe (ohne Tritt- und Verbissbelastung durch Pferde) ins Erdreich eindringen und den stark strapazierten Boden verbessern kann.

Dieser Kompost ist so hochwertig, dass viele Pferdebesitzer ihn direkt ab der Feldmiete gegen gutes Geld an Dauerkunden verkaufen. Denn er verbessert das Bodenleben auf Wiesen, Weiden und in Gärten; der Boden kann Regen- und Trockenperioden besser überstehen. Die Pflanzen bilden besseres Wurzelwerk aus und durch starken Verbiss oder krankes Bodenleben zurückgedrängte wertvolle Futterpflanzen erholen sich wieder.

Nach drei Jahren Lagerung ist der Mist zum feinsten Kompost geworden.

Holznagen

▶ Baumrinde schälen

FRAGE

Mein Arabo-Haflinger Margo hat nur eine Unart, die mich allerdings fast zur Verzweiflung bringt: Er knabbert auf der gepachteten Weide an den Bäumen, reißt ganze Rindenstreifen ab, und die Bäume drohen einzugehen.

Margo bekommt jeden Tag sein Müsli, ab und zu Futtermöhren und trockenes Brot sowie ein Salvana-Brikett. Ein Mineralleckstein und ständig frisches Wasser stehen ebenfalls zur Verfügung, so dass er kaum an Unterernährung oder Unterversorgung mit lebenswichtigen Stoffen leiden kann.

Warum nur nagt er trotzdem Bäume an? Auf anderen Koppeln stehen doch auch Pferde, ohne dass die Bäume dürr werden. Was machen die anderen Pferdebesitzer? Und wie kann ich meinem Margo das Bäumenagen abgewöhnen?

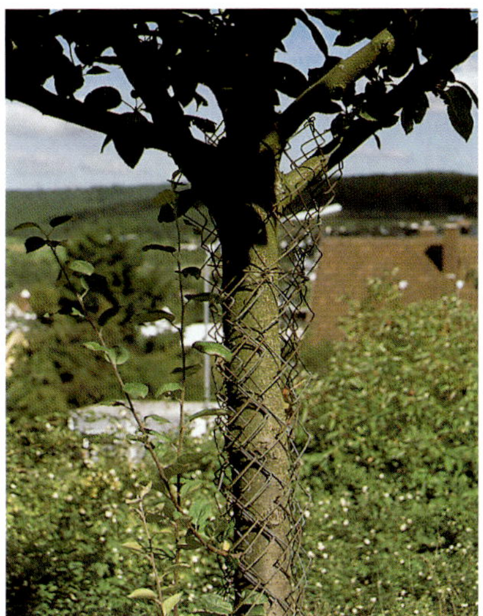

Eine Baumhose aus Maschendraht muss mit wachsender Stammdicke regelmäßig erneuert werden.

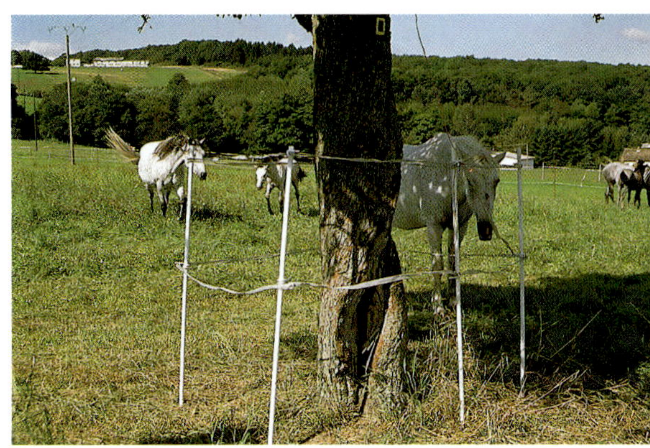

Der alte Apfelbaum wurde zu seinem Schutz großräumig mit einem – funktionierenden! – E-Zaun abgetrennt.

ANTWORT

Wenn Pferde die Koppelbäume abschälen, kann das viele verschiedene Ursachen haben:

- Fohlen und junge Pferde im Zahnwechsel knabbern ständig an allen erreichbaren Gegenständen herum, bevorzugt jedoch an frischem Holz.
- Bei aller Sorgfalt der Futterauswahl kann es dennoch zu einem Mangel an gewissen Stoffen kommen, den nur der Futterexperte herausfinden kann.
- Dann sollten Sie Ihren Tierarzt um Rat fragen; denn auch eine Verwurmung oder Stoffwechselstörungen können Ursache des Holznagens sein.
- Wenn Pferde sich langweilen, beschäftigen sie sich gerne mit Holz; besonders wenn ein Pferd alleine leben muss und keinen Gefährten hat, mit dem es spielen und an dem es herumknabbern kann (soziale Fellpflege ist ein natürliches Bedürfnis aller Herdentiere).
- Außerdem schmecken manche Büsche und Bäume unwiderstehlich

gut. Besonders Kirschbäume sind wahre Leckerbissen und werden gerne total geschält, weil die Rinde und selbst kleine Aststückchen voll saftig und sehr schmackhaft sind.

Empfehlung:

Nur der rigorose Schutz hilft Bäumen vor dem Verbiss durch Pferde. Alle Zäune – ob Holz-, Maschendraht- oder E-Zaun – müssen so weitläufig um jeden einzelnen Baum gezogen werden, dass auch langhalsige Pferde nicht mehr an das Holz herankommen.

Ein so genannter Schutzanstrich mit Altöl, Dieselöl oder Karbolineum verhindert nur vorübergehend einen Verbiss, aber die Bäume verkraften diese massive Vergiftung nicht und sterben in kurzer Zeit ab. Wegen Baumfrevels und Umweltverschmutzung ist zusätzlich mit einer Klage zu rechnen.

Teuer und nur bei regelmäßiger Anwendung wirkungsvoll ist ein im Handel erhältliches „Wild-Verbissmittel" aus Samenhandlungen, Baumschulen oder Gartenbaugeschäften. Deutlich preiswerter und zuverlässiger ist das Ausgrenzen der Bäume vor gierigen Pferdezähnen.

▸ Planken und Stallholz anknabbern

Frage

Für unsere Fjordpferde bauten wir im letzten Jahr einen wunderschönen Holzstall mit Auslauf. Aber nun haben die drei nichts anderes im Sinn, als ihren traumhaft schönen Offenstall zu zernagen und zu zerlegen, obwohl ihnen reichlich Heu und Stroh angeboten wird, ein Minerallleckstein und ständig frisches Wasser zur Verfügung stehen und wir zwei Mal täglich Mineralfutter anbieten.

Eine verzinkte Metallschiene schützt das Holz der Stalltür.

Antwort

Auch im Offenstall können sich Pferde langweilen, wenn der Auslauf klein ist, kaum Bewegungsanreiz bietet (beispielsweise total vermatscht oder zugepflastert ist) und es draußen auch nicht viel zu sehen gibt.

Vitamin- und Mineralstoffmangel ist als Ursache ebenso möglich wie ein Zahnwechsel bei Jungpferden. Beim Verfüttern von zartem, jungem Grün kann auch ein Mangel an Raufutter zum Holznagen verführen.

Viele Pferde beißen heftig ins Holz, wenn ihre Besitzer in der Nähe sind, um die Aufmerksamkeit auf sich zu ziehen. Es kann aber auch ein Ausdruck von Zorn sein, etwa wenn ein Pferd sich nicht traut, den Ranghöheren zu zwicken, aber Frust loswerden will. Und nicht zuletzt ist frisch verarbeitetes Holz einfach zu verführerisch.

Mit etwas handwerklichem Geschick können Sie das Nagen an Wänden, Türöffnungen oder Paddockstangen abstellen:

- Im Handel gibt es inzwischen eine Tinktur, die zwar ungiftig ist, aber den Pferden absolut nicht schmeckt. Nachteil: Diese Tinktur muss ständig nachgestrichen werden.
- Schrauben Sie über jede Kante ein L-förmig gebogenes Blech oder aus dem Baumarkt fertig gebogene Treppenstufen-Schutzkanten. Da Pferde nur ungern an Blech knabbern, bleibt das Holz heil.
- Schützen Sie jedes vorstehende Holzteil mit E-Zaun, der dann natürlich auch funktionieren muss.

Am besten bieten Sie Ihren Pferden Ersatz an:

- Fragen Sie Ihren Förster nach Ästen aus frisch ausgeputzten Fichtenkulturen oder Windbruch. Oder fragen Sie im Rathaus nach, wer gerade die Erlaubnis bekommen hat, Bäume zu fällen. Linde, Fichte (aber nicht Edeltanne), Haselnuss und Kirsche zählen zu den Leckerbissen.
- Bieten Sie pro Tag nur einige wenige Äste an, damit die Pferde sich bei trockener Heufütterung nicht den Bauch zu voll schlagen mit schwer verdaulichem, nicht unbedingt zum Grundfutter zählendem Astwerk.
- Stapeln Sie die Vorratsäste nicht auf einen Haufen, sondern breiten Sie sie unerreichbar für Pferdenasen auf einer Wiese aus; dann halten sie sich lange fressfrisch, ohne zu schimmeln und zu modern.
- Hängen Sie jeden Tag frische Äste an den Auslaufzaun (nicht auf den Boden legen, wo sie zertrampelt und verschmutzt werden). Befestigen Sie sie möglichst solide, dann sind Ihre Pferde stundenlang mit Knabbern und Schälen beschäftigt.

Wir konnten beobachten, dass die Pferdeäpfel bei Verfütterung frischer Fichtenäste im Winter wesentlich grüner sind als bei reiner Heufütterung und dass die allgemeine Holznagerei aufhörte.

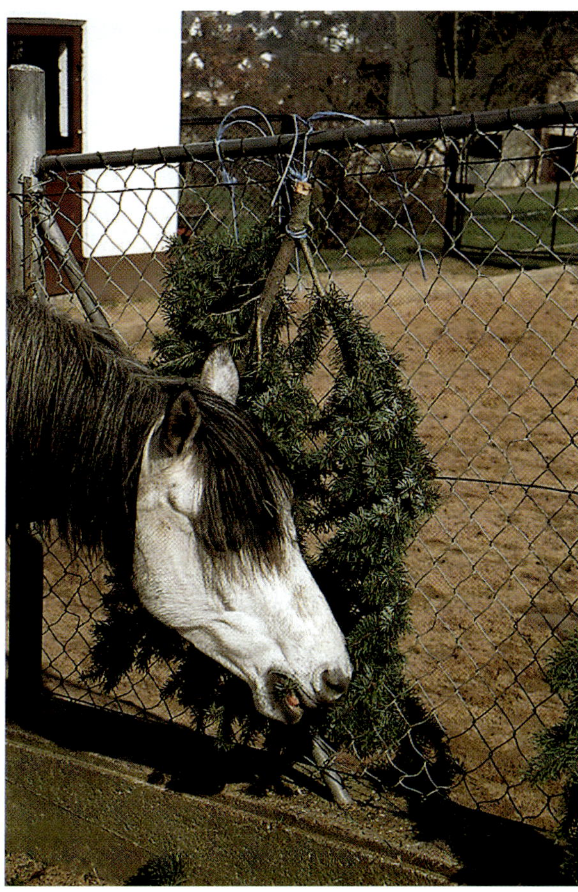

Frische Fichtenäste laden zum Knabbern ein.

Festliegen

Beim Wälzen festgelegt: Um die Fessel des unteren (rechten) Vorderbeins wird eine dicke, weiche Seilschlaufe gelegt.

Frage

Auf dem leicht vereisten Pflasterweg vor dem Stall rutschte gestern unser einziges Pferd Blue Lady aus und hatte große Mühe, wieder aufzustehen.

Sie lag auch im Stall schon mehrere Male fest. Jedes Mal war es eine Qual, bis sie endlich wieder auf den Beinen stand. Haben andere Pferdebesitzer die gleichen Probleme? Und wie kann man einem festliegenden Pferd beim Aufstehen helfen?

Antwort

Pflastersteine können bei leichtem Regen oder Frost sehr glatt werden. Sind sie dann noch mit starkem Gefälle verlegt und ist das Pferd unglücklich gestürzt, dann rutschen ihm beim Aufstehversuch ständig die Beine weg.

Helfen können Sie, indem Sie Sägemehl oder Sand vor die Beine und bei jedem Aufstehversuch auch unter das Pferd in dicken Schichten werfen. Auch Decken geben guten Halt. Stroh ist weniger geeignet, weil es auf den glatten Steinen ebenfalls wegrutscht.

Ähnliche Probleme kennen Pferdebesitzer, deren Tiere auf wenig geriffelten Stallmatten, Holzbohlen- oder Betonboden mit nur dünner Einstreu stehen.

Wenn Pferde in tiefer Streu stehen und diese aus Langeweile umgraben, so dass „Hügel und Täler“ entstehen, kann es auch leicht passieren, dass sie sich festlegen. Hier hilft das Abtragen des Hügels. Jedoch ist größte Vorsicht geboten beim Hantieren mit der Mistgabel und vor den strampelnden Beinen. Auch ein ergeben wartendes Pferd kann plötzlich einen erneuten Aufstehversuch machen.

Wichtig:

Bleiben Sie ruhig. Reden Sie besänftigend mit dem Pferd, um ihm die Angst zu nehmen. Schreien Sie niemals herum, weil laute Drohungen nur seine Angst vertiefen. Deshalb dürfen Sie auf keinen Fall das festliegende Pferd mit der Gerte oder gar Fußtritten zum Aufstehen zwingen wollen. Das Pferd würde ja gerne aufstehen, wenn es könnte.

▸ Wenn irgend möglich, rufen Sie einen besonnenen Helfer herbei. So ist diese Aufgabe leichter zu meistern.

▸ Entfernen Sie in Ruhe alle herumliegenden Gegenstände wie Schaufel, Besen, Gabel, Eimer usw. aus der Reichweite des Tieres (Verletzungsgefahr beim Strampeln).

▸ Legen Sie Ihrem Pferd ein breites, nicht einschneidendes stabiles Stallhalfter an und halten Sie den Kopf am Führriemen hoch und fest – das gibt Halt und Stütze bei Aufstehversuchen.

▸ Liegt es dagegen mit den Beinen ganz nahe an einer Wand oder streckt diese gar an einer Boxenwand hoch, muss das Pferd zunächst auf die andere Körperseite gerollt werden, um aufstehen zu können.

Lässt sich Ihr Pferd mit Worten ruhig halten und duldet es das Anfassen der Vorderbeine, ohne gleich wieder zu strampeln, dann schlingen Sie um das an der Wand liegende Vorderbein (in der Fesselbeuge) eine Longe oder ein dickes, langes Seil. Nun können Sie das festliegende Pferd in gebührendem Abstand zu den strampelnden Beinen umdrehen, so dass es aufstehen kann.

▸ Strampelt Ihr Pferd jedoch wild los, dann versuchen Sie, eine lange, sehr stabile Stange durch die Gitterstäbe der Box hinter das an der Wand liegende Vorderbein zu schieben. Dann hebeln Sie mit der Stange das Bein so gut es geht von der Wand weg. Oft genügen wenige Zentimeter, damit das Pferd sich selbst wieder herumdrehen und aufstehen kann.

▸ Wenn Ihr Pferd sich allerdings wild gebärdet und auch nicht beruhigen lässt, müssen Sie einen Tierarzt rufen, der ihm eine Beruhigungsspritze gibt, so dass man ungefährdeter mit ihm umgehen kann.

Anette zieht mit aller Kraft, bis Golden Lady über den Widerrist auf die andere Seite kullert und aufstehen kann.

Dort, wo der Pfeil hinzeigt, muss das Seil befestigt werden, damit das festliegende Pferd gefahrlos herumgerollt werden kann.

Überprüfen Sie Stall und Auslauf und suchen Sie nach dem Grund, warum sich Blue Lady so oft festlegt. Zu glattes Pflaster sollte ausgewechselt werden gegen Steine mit besonders rauer Oberfläche und mit ausgeprägten Abstandsrillen (zum Beispiel Ökopflaster).

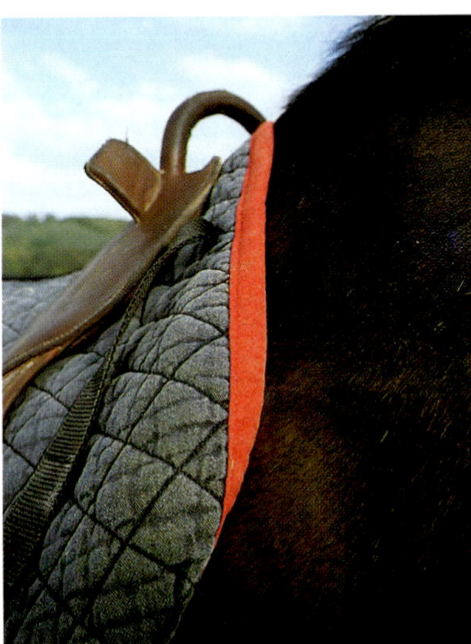

Der Überrollbügel mit dem Eisenbogen verhindert, dass sich das Pferd beim Wälzen auf die andere Seite drehen kann.

Dann sollten Sie bei den Stallwänden horizontal (je nach Pferdegröße) vier bis acht Reihen Querlatten anbringen, damit Ihr Pferd sich beim Festliegen daran abstoßen kann.

Diese Verbesserung der äußeren Umstände erleichtern dem Pferd das Aufstehen, beseitigen aber nicht die Ursache. Das auffallend häufige Wälzen Ihrer Stute kann nämlich auch auf gesundheitliche Probleme, etwa versteckte Koliken, hinweisen. Lassen Sie Blue Lady gründlich von Ihrem Tierarzt untersuchen. Falls keine medizinischen Ursachen gefunden werden und das Festliegen nicht aufhört, sollten Sie einen „Überrollbügel" beschaffen. Dies ist eine Art stabiler Deckengurt mit einem eingearbeiteten Eisenbügel, der hoch über den Widerrist hinausragt. Wenn sich ein Pferd mit diesem (sehr fest sitzenden) Gurt wälzt, kann es sich nicht mehr über diesen Eisenbügel am Widerrist auf die andere Seite rollen und damit nicht mehr festlegen.

Koppen

Der Heuball mitten im Stalleingang lädt zum Spielen ein.

Frage

Freya H, meine 14-jährige Warmblutstute, hat ein herrliches Pferdeleben. Sie geht täglich nur eine Stunde in der Halle, manchmal auch ins Gelände, und ist in ausgezeichneter gesundheitlicher Verfassung. Ihr Fell glänzt, und die Hufe sind ebenfalls „bombenfest", wie der Schmied sagt. Sie hat eine luftige, helle Box mit dicker Einstreu und verträglichen Nachbarpferden. Aber leider hat sie eine schlimme Angewohnheit: Sie koppt. Zwar hatte sie deswegen noch nie eine Kolik und ist auch nicht abgemagert. Aber die Besitzer der Nachbarpferde wollen, dass Freya H aus dem Stall kommt. Sie behaupten nämlich, dass andere Pferde sich „anstecken" könnten.

Ich bin völlig verunsichert. Ich weiß nicht, wohin mit Freya H, weil sie kein anderer Stall in unserer Gegend nehmen will. Stimmt das denn überhaupt, dass andere Pferde das Koppen nachahmen?

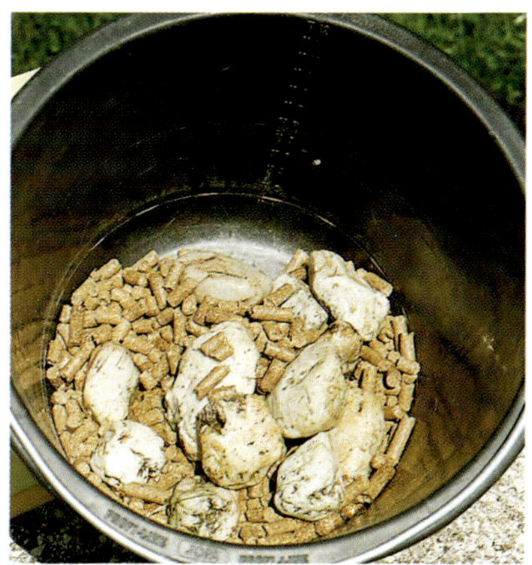

Dicke Kieselsteine im Futter verhindern hastiges Schlingen.

Antwort

Wenn ein Pferd 23 Stunden in der Box stehen muss, nur eine Stunde am Tag herauskommt und dann auch noch genau nach Wunsch des Reiters gehen soll, kann man leider nicht von einem herrlichen Pferdeleben sprechen, selbst wenn Ernährung und Pflege optimal sind.

Pferde sind ihrer Natur nach Lauftiere, „Trinker der Lüfte", wie die Araber voll Stolz sagen, die man in bester Absicht in eine teure, großzügige Box stellt im Glauben, dem Liebling ein Paradies zu bieten.

Wen wundert es also, dass Pferde aus Langeweile und Frust zu Ersatzhandlungen wie Weben, Koppen und Wandern in der Box Zuflucht nehmen,

Der Aufsetz-Kopper kann es nicht lassen, obwohl er eigens in eine Box mit großem Fenster zum Hof umgestellt wurde.

aber auch zu Aggressionen wie Steigen, Beißen oder Ausschlagen?

Sorgen Sie bitte dringend für eine Änderung im Leben Ihres Pferdes:

▸ Wenn irgendwie möglich entlassen Sie Freya H in eine Weidegesellschaft im Sommer und einen Offenstall im Winter,

▸ oder sorgen Sie dafür, dass sie wenigstens stundenweise mal ohne Reiter in der Halle oder noch besser auf einem Außenplatz oder einer Weide frei herumlaufen, buckeln und sich nach Belieben wälzen kann – einfach tun, was sie will, nicht nur das, was sie muss!

▸ Hängen Sie ihr Fichtenzweige in die Box, an denen sie herumknabbern, mit denen sie sich stundenlang beschäftigen kann. Bieten Sie das Heu in einem sehr engmaschigen Netz an und füllen Sie die Kraftfutterkrippe mit Kieselsteinen, damit sie sich ständig, wie es der Natur entspricht, das Futter erarbeiten muss.

▸ Wenn Sie nur wenig Zeit für Freya H haben, lassen Sie sie doch nach Absprache von einem Mädchen reiten, putzen, beschäftigen. Dann wird ihr das Warten aufs Futter und die Reitstunden mit Ihnen nicht allzu lang. Bedenken Sie, was Kinder aus Langeweile und Unbehagen machen: Sie knabbern an ihren Fingernägeln, zupfen an ihren Haaren herum oder kratzen sich ständig, und zwar unbewusst.

Was versteht man eigentlich unter „Koppen"? Mit Koppen bezeichnet man das Luftschlucken des Pferdes, verbunden mit einem rülpsenden Geräusch. Koppen ist deshalb so gefürchtet, weil manche Pferde dabei stark abmagern, wenn sie auch bei den Mahlzeiten zwischen den Bissen immer wieder koppen, dabei Luft schlucken und durch das zu frühe Sättigungsgefühl mit dem Fressen aufhören.

Manche Pferde neigen durch das Koppen vermehrt zu Koliken, und die Aufsetzkopper nutzen ihre Zähne stark ab.

Beim Koppen muss man unterscheiden zwischen

- Luft- oder Freikoppern – das sind Pferde, die kein „Hilfsmittel" zum Koppen brauchen – und den
- Aufsatzkoppern oder Krippensetzern, die die Zähne zum Koppen auf irgendwelchen Gegenständen aus Holz, Beton oder Metall aufsetzen.

Fachleute streiten darüber, ob Koppen durch Nachahmung erlernt wird und ob es gar erblich ist (man spricht bereits von gewissen Hengstlinien, in denen auffallend häufig Kopper vorkommen). Jeder weiß Beispiele für seine These anzuführen, aber das hilft Ihnen eigentlich nicht weiter.

- Gegen ein Krippensetzen kann man die entsprechenden Stellen einer Box regelmäßig mit einer stinkenden, ungiftigen Paste oder Flüssigkeit bestreichen, um das Aufsetzen zu vermiesen.
- Manche Pferdebesitzer spannen vor diese gefährdeten Stellen einen E-Zaun. Vorsicht bei besonders sensiblen Pferden: Sie haben dann Angst vor ihrer eigenen Box und bewegen sich nicht mehr gerne, sondern stehen verschüchtert in der Mitte, um ja nicht mit dem Zaun in Berührung zu kommen, und leiden Seelenqualen. Außerdem gibt es Pferde, die dann ihre eigenen Vorderbeine nehmen zum Aufsetzen und Koppen oder die danach zum Freikopper werden.
- Im Handel werden Kopperriemen angeboten, die das Anspannen des zum Koppen benötigten Halsmuskels verhindern und damit ein Luftschlucken unmöglich machen sollen. Dieser Riemen mindert deutlich die Lebensqualität des betroffenen Pferdes.

Achtung:

Der Kopperriemen muss sehr sorgfältig angepasst werden, damit er weder die Atmung noch das normale Fressen behindert und trotzdem noch wirkungsvoll bleibt.

- Manche verzweifelten Pferdebesitzer lassen ihren Krippensetzer operieren – leider nicht immer mit dauerhaftem Erfolg. Bei dieser Operation werden Muskelschnitt, Nervenschnitt oder eine Kombination beider Schnitte vorgenommen. Bei Freikoppern ist diese Operation sinnlos.
- Einige Fachleute wollen herausgefunden haben, dass auffallend viele Kopper zu früh abgesetzt wurden und daher ihren Saugreflex nicht ausreichend befriedigen konnten. Deshalb gibt es inzwischen eine Spezialtränke auf dem Markt: Statt der Metallzunge, die die Pferde beim Tränken herabdrücken müssen, um das Ventil zu öffnen, ist hier eine Art kleine, runde Scheibe angebracht, die das Pferd ins Maul nimmt, um daraus das Wasser zu saugen.

Abzulehnen (Tierschutzgesetz) sind „Therapie-Geräte", die von außerhalb der Box über Funk ferngesteuert werden und bei jedem Koppansatz einen Elektroschlag über einen Empfänger am Halfter austeilen, der das Pferd dazu erziehen soll, das Koppen mit

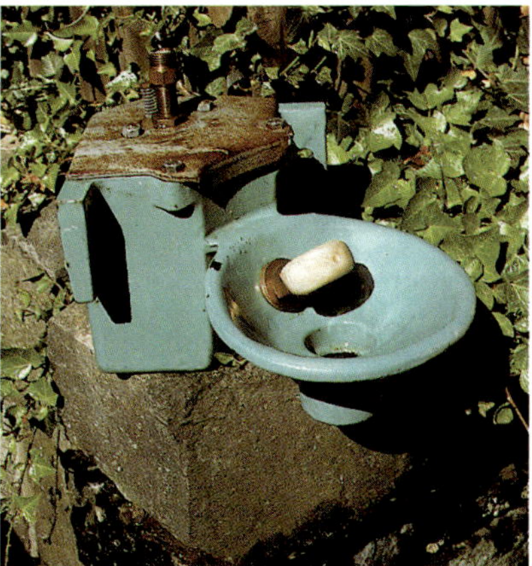

Eine Spezialtränke mit Nippel zum Saugen (noch nicht installiert)

Schmerzen zu verbinden und damit zu unterlassen.

Die Erfolge sind sowieso zweifelhaft, weil gewitzte Pferde bald herausgefunden haben, dass dies nur funktioniert, wenn ein Mensch in Sichtweite ist. Außerdem wird ein Pferd hierbei für eine Unart bestraft, die aus Langeweile und Frust, aus unterdrücktem Laufbedürfnis und nicht ausgelebten Aggressionen entstanden ist. Alles wird dadurch nur noch schlimmer!

Eine noch schlimmere Tierquälerei ist das Zuhängen der Box durch Teppiche oder undurchsichtige Vorhänge, so dass das Pferd in absoluter Dunkelhaft gehalten wird (in einem Vereinsstall persönlich gesehen!).

Für Ihr Pferd wird vermutlich das Umstellen in einen Offenstall mit anschließender Weidemöglichkeit in Pferdegesellschaft die beste Lösung sein (obwohl leider manche Pferde auch bei besseren Haltungsbedingungen das Koppen aus Gewohnheit beibehalten).

Das Koppen wird sich voraussichtlich dann nur noch auf die Zeiten beschränken, in denen gefüttert wird (Futterneid, Erwartungshaltung) oder sich der Besitzer mit anderen Pferden befasst (Eifersucht). Dann wird der Kopper alles tun, um die Aufmerksamkeit auf sich zu lenken. Pferde sind sehr sensibel und spüren, dass sie durch Koppen schnell auf sich aufmerksam machen können.

Helfen alle angeführten Ratschläge nicht, dann müssen Sie versuchen, das Koppen als unabänderlich hinzunehmen. Ich kenne viele Kopper, die mit dieser Unart alt geworden und dabei gesund und leistungsfähig geblieben sind.

Weben

Frage

Unser Warmblutwallach Titus ist ein reines Freizeitpferd: ruhig, ausgeglichen und im Gelände absolut sicher. Nur eine schlimme Angewohnheit beunruhigt uns – er webt! Titus steht stundenlang webend an der Tür seiner Box, hört nur vorübergehend zum Fressen damit auf oder wenn er geputzt wird oder sich jemand mit ihm beschäftigt.

Reiterfreunde behaupten nun, er würde sich seine Vorderbeine ruinieren und außerdem die Boxennachbarn damit „anstecken". Nun habe ich natürlich Angst um mein tolles Pferd, das ich sehr liebe. Ich bin ganz verzweifelt: Wie kann ich ihm das nur abgewöhnen?

Antwort

Weben ist eine gefürchtete Untugend, die meist aus Langeweile, Stress und unterdrücktem Freiheitsdrang entsteht (wie das Koppen auch).

Das Weben geschieht fast immer an der Boxentür oder einem Fenster, aus dem heraus der Weber die anderen Pferde sehen kann. Es ist eine Art Ersatzhandlung für eine nicht mögliche Flucht, einen verhinderten Ortswechsel. Titus möchte gerne bei den anderen Pferden sein und möchte gerne durch die Tür, das Fenster in die Freiheit gelangen.

Leider schauen sich die ebenfalls meist unterbeschäftigten Boxennachbarn das Weben tatsächlich gerne ab.

Früher, in der Landwirtschaft, bei den Kutschpferden oder den Pferden der Armee kamen solche Untugenden trotz Ständerhaltung nur selten vor: Diese Tiere mussten nämlich so

Schon Fohlen lernen den Genuss der sozialen Fellpflege kennen und schätzen.

schwer arbeiten, dass sie für jede Ruhepause dankbar waren und keinerlei Langweile dabei empfanden.

Unsere heutigen Pferde leben in einem „goldenen Käfig"; sie brauchen sich nicht mühsam ihre Nahrung zu suchen (wie Pferde in freier Wildbahn), und keine Angst vor Feinden hält sie auf Trab. Die wenige Arbeit bei meist üppiger Fütterung läßt das Boxenpferd Langweile empfinden. Was soll es den ganzen Tag, die lange Nacht hindurch machen?

Also leckt es an den Boxengittern, knabbert am Holz usw., denn an den Nachbarn kann es (zur gegenseitigen Fellpflege, aber auch zum Zanken oder Spielen) nicht heran, und webt aus Frust und Langeweile.

▸ Das Weben wird in den meisten Fällen sofort aufgegeben, sobald das Pferd in einem Offenstall in Pferdegesellschaft kommt oder im Sommerhalbjahr in einer Herdengemeinschaft aufgenommen wird. Dann ist es stundenlang damit beschäftigt, die besten Gräser und Kräuter aus der Fülle des Angebots herauszusuchen. Es kann sich bei Frust mit anderen Pferden zanken und damit seine Aggressionen abbauen; es kann nach Lust und Laune herumspringen und vor allem mit seinen Freunden soziale Fellpflege betreiben.

Nicht immer ist Weide- oder Offenstallhaltung möglich – dann sind andere Überlegungen notwendig.

▸ Achtung:

Soziale Kontakte zu Artgenossen sind unendlich wichtig für das gesunde Seelenleben eines Pferdes!

Zwei Autoreifen, rechts und links vom Pferd installiert, sollen den Weber irritieren.

- Arbeit und nochmals Arbeit, vor allem außerhalb einer langweiligen Halle, lassen viele Untugenden vergessen.
- Manchmal hilft schon das Umstellen in eine andere Box; denn wenn Titus seinen Boxennachbarn nicht leiden kann, verstärkt das seine Aggression, die er nicht ausleben und nur durch Weben abbauen kann.
- Findet Titus einen Boxennachbarn sympatisch, sollten Sie die Gitterstäbe zu dessen Box wegnehmen, so dass sich die befreundeten Pferde beknabbern können.
- Manchem Pferd hilft auch schon eine Ziege als Boxengesellschaft (in einer geräumigen Box): Vergewissern Sie sich, dass die beiden sich wirklich mögen. Ein gezielter Tritt kann eine Ziege töten, und eine aggressive Ziege kann mit den Hörner auch ein großes Pferd schmerzhaft verletzen.
- Oft ist eine zusätzliche Umstellung der Ernährung sinnvoll. Bei weniger Kraft- und mehr Raufutter im engmaschigen Heunetz sind die Pferde über deutlich längere Zeit mit Fressen beschäftigt. Mitteldicke, runde Steine in der Haferkrippe zwingen ein Pferd zum Zeit raubenden Hin- und Herschieben bei der Suche nach den letzten Futterkrümeln.
- Neben den Weber, der in „seiner“ Ecke steht, hängen Sie rechts und links je einen Sandsack oder Autoreifen an der Decke so auf, dass sie beim Weben ebenfalls mit hin und her pendeln, dabei den Pferdekörper berühren und das Pferd aus dem Rhythmus bringen.

Abzulehnen sind ferngesteuerte Therapiegeräte, die Stromschläge austeilen (Tierquälerei) und das Hobbeln der Vorderbeine, das ein Weben deutlich erschwert. Aber damit ist nicht die Ursache beseitigt. Im Gegenteil verstärkt sich der Frust, und das Pferd flüchtet in andere Ersatzhandlungen.

Rund ums Futter

Rund ums Futter

Im Computerzeitalter ist es ein Leichtes, sich Futtermischungen für jedes Pferd individuell ausrechnen zu lassen. Aber es bleiben noch genug Probleme um die Verschwendung des teuer gekauften Futters und bei Offenstallhaltung um Futterneid, der schon zu gefährlichen Beiß- und Trittverletzungen führte. Mit etwas Überlegung und handwerklichem Geschick sind auch diese Probleme zu bewältigen, ohne die Pferde wieder in Boxen einsperren zu müssen.

Heukauf

Frage

Bald kommt wieder der Heukauf auf uns zu – immer eine leidige Sache!

Die Heulieferungen werden von mir sofort bezahlt, und jedes Mal passiert es, dass mehr oder weniger große Mengen einer Lieferung schimmelig, stark verschmutzt oder sehr staubig sind.

Ich kann mein Heu optimal lagern, nämlich im Oberboden einer Scheune, luftig und trocken. An der Lagerung kann es also nicht liegen, dass ich immer wieder teuer erworbenes Heu wegwerfen muss. Und das geht im Bekanntenkreis leider vielen so. Es gehen auch die Ansichten über Heuqualität zwischen den Bauern und uns Pferdehaltern oft auseinander.

Können Sie uns sagen, wie man sich gegen mangelhafte Lieferungen wehren kann?

Antwort

Die Probleme mit minderwertigem oder gar verdorbenem Heu sind in Reiterkreisen leider sehr bekannt.

Landwirte können ihre Heumenge nur in seltenen Fällen in ein oder zwei Wochen ernten, weil unser Wetter meist zu unbeständig ist. Also zieht sich die Heuzeit oft über Wochen hin, je nach Gegend sogar bis Anfang August. Wird das Heu vor oder während der Blüte geerntet, ist es junges Heu, das sich hervorragend für Milchvieh eignet, für Pferde aber wegen des hohen Eiweißgehaltes und der zarten Blätter und Stiele nicht ungefährlich ist. Es ist also ganz in Ordnung, wenn der Landwirt dieses erste Heu für sich behält.

Heu, das bei Samenreife geerntet wird, ist noch immer sehr gehaltvoll, hat aber bereits viele verholzte Stängel. Die meisten Samen fallen während der maschinellen Heuernte aus, und der Eiweißgehalt ist nicht mehr so hoch. Es ist – in gutem Zustand geerntet – ideales Pferdeheu (aber auch für Rindvieh als Raufutter noch gut geeignet).

Deutliche Qualitätsunterschiede: links: minderwertiges, verregnetes Heu, rechts: grünes, gutes Heu

Ist das Gras auf dem Halm bereits heuähnlich, also schon leicht dürr und bräunlich, nennt man das Gras „überständig". Gut geerntet ist es zwar durchaus noch für Pferde geeignet, aber es ist nicht mehr ausreichend für die Nährstoffversorgung: Der Eiweißgehalt ist gering, die Blattmasse wurde bei der Ernte zerstückelt und fehlt im Heu, das dann hauptsächlich aus mehr oder weniger harten Halmen besteht. So weit zu gut geerntetem Heu, seiner Qualität und seinem Wert.

Anders ist die Lage, wenn das Heu nach dem Schnitt einem oder mehreren Regentagen ausgesetzt war. Das Heu sieht dann aus wie ein- oder mehrfach überbrühter Tee: bräunlichgrau und mit wenig Blattmasse, und Blüten sind kaum noch zu erkennen. Wenn es nach den Regenschauern noch sorgfältig gewendet und absolut trocken eingebracht wurde, so ist es als Futter durchaus noch geeignet, aber deutlich minderwertig und muss somit ebenso deutlich preiswerter sein als gutes Heu.

Wird aber aus Angst vor einem aufziehenden Gewitter das Heu gepresst, obwohl es noch nicht so ganz trocken war, kann es in den Heuballen zu Schimmelnestern kommen, die für alle Tierarten gefährlich sind.

Warnung:

Viele glauben, schimmeliges Heu eigne sich wenigstens als Einstreu! Ein gefährlicher Irrtum, denn viele Pferde naschen aus Langeweile an der Einstreu, auch wenn diese angeschimmelt ist. Außerdem werden bei jeder Bewegung der Pferde Schimmelpilze aufgewirbelt, gelangen dabei in die Atemwege oder werden vom liegenden Pferd pausenlos eingeatmet. Heuallergien sind die Folge.

Das nächste Problem ist die Lagerung beim Landwirt und beim Pferdehalter. Der Lagerraum sollte luftig sein, und die Ballen sollten nicht zu hoch aufeinander gestapelt oder eng zusammengedrückt werden, um möglichst viel in die Scheune einlagern zu können.

Wichtig ist auch ein gewisser Luftraum nach oben, damit das Heu unter dem Dach noch auslüften kann. Außerdem darf Heu nur dann mit einer Plane abgedeckt werden, wenn zwischen der Plane und dem Heu Bretter oder Balken eine Durchlüftung gewährleisten; denn frisches Heu durchläuft noch einen Schwitzprozess, bei dem Feuchtigkeit nach außen abgegeben werden muss.

Bei Großballen kommt noch ein weiteres Problem dazu: Weil Landwirte heute mehr Vieh als früher in den Ställen halten, muss auch mehr Heu geerntet werden, bei gleich bleibender oder gar zurückgehender Zahl der Helfer. Also bleiben die Rundballen zunächst auf der Wiese liegen, bis die Heuernte abgeschlossen ist. Dabei beginnt das Gras um die Ballen wieder zu wachsen, und der Morgentau steigt von unten in den trockenen Ballen auf. Regen kann zwar über die fest gepresste Rundung ablaufen; aber stets dringt auch ein wenig Nässe von oben in die Ballen.

Woran erkennt man gutes Heu ?

Gutes Heu ist grün, riecht aromatisch, Halme, Blätter, Blüten und Kräuter sind erkennbar, und es fühlt sich trocken an: Wenn man es knickt, brechen fast alle Halme durch. Und es sind keinerlei Verschmutzungen (Holzstückchen, Erde oder alte Pferdeäpfel) zu erkennen.

Sobald das frisch getrocknete Heu gepresst ist, beginnt der so genannte Schwitzprozess, ein mehrwöchiger Trockenprozess, bei dem das Heu sich wächsern anfühlt und Halme und Blattmasse relativ weich sind, sich also beim Knicken nicht brechen lassen.

Achtung:

Während des Schwitzprozesses darf das Heu wegen akuter Kolikgefahr auf keinen Fall verfüttert werden!

Nach der endgültigen Trocknung ist das Heu zwar nicht mehr so grün wie direkt beim Pressen, aber alle oben genannten Faktoren für gutes Heu lassen sich deutlich überprüfen. Dabei muss man allerdings wissen, dass man von außen eventuell vorhandene Schimmelnester weder sehen noch riechen kann.

Bleiben Rundballen auf der Wiese liegen, wird das Heu von oben (Regen) und unten (aufsteigende Nässe) nass und damit minderwertig.

Für den Laien ist es nicht einfach, sich vor minderwertigem oder verdorbenem Heu zu schützen.

- Die sicherste Methode, an gutes Heu zu kommen, ist die Mithilfe bei der Heuernte, speziell bei Ihrem Heu. Dann kennen Sie die Wiese, wissen um deren Bewuchs und sehen am Reifegrad der Gräser, ob Ihr Heu zum guten Pferdeheu werden kann.
- Ist eine Mithilfe nicht möglich, dann lassen Sie sich vom Landwirt die Wiese für Ihr Heu zeigen und den Tag nennen, an dem er voraussichtlich mäht und wann er das Heu presst. Dann können Sie nachvollziehen, ob das Heu Regenschauern ausgesetzt war (Preisminderung) und ob es beim Pressen noch feucht war (Kauf verweigern). Niemand kann Sie zwingen, Heu zu kaufen, das Ihnen nicht zusagt.
- Wenn irgend möglich, bestehen Sie auf kleine Ballen. Die Wahrscheinlichkeit, dass dort Schimmelnester drohen, ist deutlich geringer als bei Rundballen oder großen Quaderballen.
- Haben Sie all diese Möglichkeiten nicht, weil Sie Ihr Heu bei einem Händler kaufen, dann scheuen Sie sich nicht, es genau zu untersuchen. Lassen Sie sich sagen, ob das Heu frisch oder bereits abgelagert ist, weil es sich dann (siehe oben) anders anfühlt.

Bei bereits abgelagertem Heu öffnen Sie zwei oder drei Ballen. Stieben Staubwolken auf oder zeigen sich Schimmelnester, so verzichten Sie auf den Kauf.

Bei frischem Heu testen Sie mehrere Ballen nach Gewicht. Manchmal sind einige deutlich schwerer als die Mehrzahl. Diese haben dann häufig nasse Stellen, die später zu Schimmelnestern werden. Sortieren Sie diese Ballen aus und nehmen nur die leichteren.

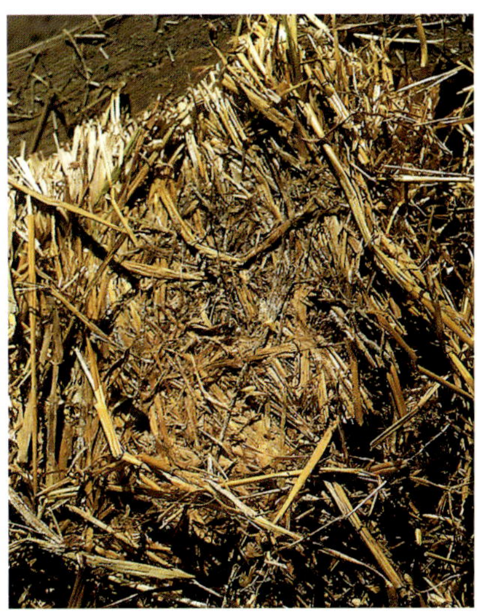

So sieht ein Schimmelnest aus: Inhalt eines besonders schweren Strohballens

Verweigern Landwirt oder Händler diese gründliche Untersuchung der Ballen, suchen Sie sich einen anderen Verkäufer.

Dann noch einige allgemeine Tipps:

- Beschaffen Sie sich über den Bauernverband oder das für Ihre Gegend zuständige landwirtschaftliche Wochenblatt die aktuellen Heupreise: Frisch geerntetes Heu (vor dem Schwitzprozess) ist deutlich schwerer und müsste damit preiswerter sein als abgelagertes, das nicht nur leichter ist, sondern auch beim Landwirt zwischengelagert wurde und damit mehr Arbeit und mehr Kosten verursacht.
- Schaffen Sie sich eine Federwaage an. Damit können Sie nachkontrollieren, wie viel ein Ballen wiegt. Nur so können Sie überprüfen, ob der Ballenpreis einigermaßen korrekt ist; denn offiziell wird Heu nicht nach Ballen-

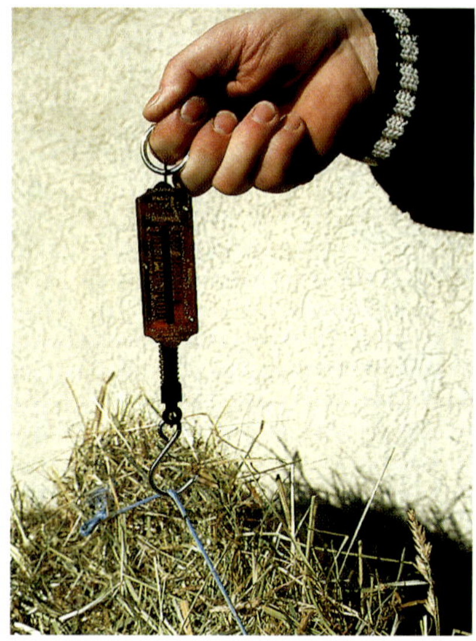

Die Federwaage hilft bei der Gewichtsbestimmung der einzelnen Ballen.

zahl, sondern nach Zentner oder Doppelzentner, also nach Gewicht berechnet.

Bei Rundballen ist das deutlich schwerer; wer fährt schon zu einer Großwaage, um das Gewicht nachzukontrollieren! Hier müssen Sie sich auf die Ehrlichkeit der Verkäufer verlassen, die das genaue Gewicht jedes Ballens sicher nicht sagen können, wohl aber wissen, wie viele kleine Ballen sie in den Jahren zuvor auf den gleichen Wiesen ernteten.

Wenn Sie erst Wochen nach dem Kauf feststellen, dass das Heu minderwertig ist, Schimmelnester aufweist oder mehr als üblich staubt, wird es schwierig: Sie müssen nämlich nachweisen, dass das Heu bei Ihnen ordnungsgemäß gelagert wurde (also: möglichst dunkel, nicht auf Betonboden, nicht direkt an gemauerten Wänden und nicht direkt mit Plastik abgedeckt).

Wenn Ihre Lagerung ordnungsgemäß war, aber der Verkäufer die Minderwertigkeit des Heus nicht anerkennen will, können Sie eine Probe bei der LUFA (Landwirtschaftliche Untersuchungs- und Forschungsanstalt) auf den Keimgehalt untersuchen lassen. Die Adressen der LUFA erfährt man bei den jeweiligen Landwirtschaftsämtern.

Von einer Klage vor Gericht ist abzuraten, weil die Kosten dafür meist höher sind als die Summe für die Heulieferung. Aber wenn der Verkäufer erst einmal merkt, dass Sie sich nicht so ohne weiteres übers Ohr hauen lassen, sondern die Heuqualität vor dem Kauf prüfen, wird er Ihnen kaum minderwertiges Heu ohne deutlichen Preisnachlass anbieten.

Futter verschwenden

▸ Futter und Wasser verschmutzen

FRAGE

Fast jeden Tag, wenn ich in den Stall komme und füttern will, liegen Pferdeäpfel in der Krippe. Manchmal ist sogar das Tränkebecken vollgekotet, und Pandur leidet sichtbar unter Durst. Eigentlich weiß er doch, dass sein Hafer in die Krippe geschüttet wird. Katzen und Hunde halten doch auch ihre Futterschüsseln sauber, warum nur mein Pandur nicht?

ANTWORT

Pferde können nicht „stubenrein“ oder „krippensauber“ werden, denn sie sind im Gegensatz zu Hund und Katze so genannte „Nestflüchter". Diese lassen Kot und Urin an beliebiger Stelle ab und würden, wenn die Boxenwände sie nicht daran hinderten, von dem inzwischen verschmutzten Platz weggehen und woanders nach Futter suchen.

Merke:

Es ist Tierquälerei, ein Pferd zu bestrafen, wenn Tränkebecken oder Krippe verschmutzt sind. Es kann eine Strafe dafür niemals verstehen.

Aber durch sorgfältiges Beobachten und gründliches Nachdenken können Sie vielleicht Abhilfe schaffen: Da Grasfresser relativ häufig Kot absetzen, geschieht das ohne große Vorbereitung (anders als bei Katze oder Hund, die für ihre Sauberkeit bewusst Stellen außerhalb des Schlafbereiches aufsuchen). Mit Ausnahme der Hengste lassen Pferde meist einfach fallen, wo sie gehen oder stehen. Also auch beim Fressen, das sie deswegen nur kurz unterbrechen.

Sind nun Tränkebecken und Krippe in einer (oft sehr kleinen) Box gegenüber der Stalltür, wird ein Pferd ständig zwischen Fressplatz und Tür hin und her pendeln und dabei mal eben zwischendurch seinen Kot absetzen, der dann überall hinfällt – eben auch auf das teure Kraftfutter oder in die Tränke.

Da die meisten Pferde neugierig sind, stehen sie gerne so, dass sie alles auf der Stallgasse oder dem Hof auch beim Fressen mitverfolgen können. Deshalb sollten Tränkebecken und Futterkrippe direkt neben der Boxentür angebracht werden, wo der Pferdekopf sich die meiste Zeit befindet. Bei dieser Anordnung ist also das Pferdehinterteil von Krippe und Tränke weg, die dann nur noch selten von Kot verschmutzt werden.

▶ Heu aufschütteln

Frage

In unserem Reitschulstall befindet sich das Heulager (kleine, handliche Ballen) direkt im Stall über den Pferdeköpfen. Das dient im Winter als zusätzliches Wärmepolster. Vor allem aber ist die Fütterung denkbar einfach: Wir werfen die Ballen herunter, schütteln das Heu auf, damit es locker und entstaubt wird, und werfen es dann in die Boxen.

Obwohl bisher noch kein Pferd krank war, meint meine Freundin, dass dies sehr ungesund ist. Aber machen es nicht andere Pferdebesitzer auch so?

Antwort

Offensichtlich sind Ihre Pferde recht unempfindlich, weil sie das jahrelang ohne Folgen aushielten. Diese Art der Heulagerung und Fütterung ist tatsächlich vor allem für die Atemwege sehr schädlich.

Die Heulagerung direkt über den Pferdeköpfen ohne eine trennende Wand ist ungünstig, weil die ganze Stallfeuchtigkeit nach oben und ins Heu zieht. Schlechter Geruch und leichter Schimmel (meist unsichtbar) können das Heu minderwertig, wenn nicht gar unbrauchbar machen.

Beim Abwurf von Heuballen entsteht viel Staub. Die Atemluft wird noch staubiger, wenn man die Ballen auf der Stallgasse öffnet und locker aufschüttelt. Es ist zwar sinnvoll, das zusammengepresste Heu auseinander zu zerren, weil die Pferde die zusammengepressten Heuscheiben in der Box herumschleifen und dabei viel Futter zertrampelt wird. Aber das Aufschütteln muss unbedingt weit weg von den Pferdenasen, am besten außerhalb des Stalles, geschehen, weil so viel Staub irgendwann auch die gesundesten Atemwege angreift.

Bitte trennen Sie das Heulager durch eine massive Decke bzw. Zwischenwand über dem gesamten Stall ab. Eine mit Deckel gesicherte Aufstiegluke mit Heuabwurf außerhalb des Stalles bewahrt die Pferde vor lungenschädlichem Staub. Auch wenn die Ballen beim Abwurf durch Regen oder Schnee leicht nass werden sollten, schadet dies bei baldiger Verfütterung keinem Pferd.

Bei der Hochraufe muss das Pferd den Kopf unnatürlich in die Höhe recken.

▶ Heu verschwenden

Frage

Unsere zum Teil sehr alten Ställe sind mit Hochraufen ausgerüstet und sehen urromantisch aus. Aber überall hört man, dass Hochraufen für Pferde ungeeignet sind, weil das Hochrecken schädlich für den Pferderücken ist, einen Hirschhals fördert und der herunterfallende Heustaub Augen und Nasen reizt.

Wenn ich das Heu aber auf den Boden lege, zerrt mein Attila das kostbare Futter durch die ganze Box, trampelt darauf herum und mistet und stallt hinein. Selbst wenn ich das Heu in einem Korb anbiete, ist die Heuration am anderen Morgen überall gleichmäßig verteilt, und mein Attila schaut mich hungrig an. Heu ist für mein mühsam verdientes Geld viel zu teuer, um so großzügig damit umzugehen.

Antwort

Das natürliche Fressverhalten der Pferde lässt diese nur bei gesenktem Kopf Futter aufnehmen. Bei dieser Haltung wird der Rücken gedehnt, was vor allem bei Reitpferden mit starker Rückenbelastung unbedingt gefördert werden sollte. Die Förderung falscher Halshaltung und die Verschmutzung der Augen- und Nasenschleimhäute sind weitere Argumente gegen die Heuraufen-Fütterung.

▸ Eine häufig gesehene Alternative ist das Heunetz. Ist es besonders engmaschig, sind Pferde viel länger mit ihrer Mahlzeit beschäftigt als bei Bodenfütterung.

Achtung:

Ein Heunetz muss so hoch aufgehängt werden, dass es auch leer gefressen nicht tiefer als bis zur Vorderfußwurzel herabhängt. Sonst könnte das Pferd sich mit den Beinen im Heunetz verfangen und verletzen.

Der Abstand der Gitterstäbe ist so gewählt, dass das Pferd nur Kopf und Hals durchstecken kann, um ans Futter zu gelangen.

Bei Stuten mit Fohlen ist ein Heunetz nicht zu empfehlen. Fohlen springen lebensfroh in der Box herum, schlagen übermütig aus oder steigen und geraten dabei mit den Beinen ins Netz (das dann hoffentlich reißt).

Mit Hilfe von Dachlatten wurde ein V gestaltet. Das Pferd kann den Kopf durchstecken, aber kaum Futter herauszerren.

▸ Eine eigens angelegte Fressecke ist sicherer. Für diesen Ersatz einer Heuraufe wird eine Ecke der Box durch eine brusthohe Wand aus Brettern abgeteilt. Um zu verhindern, dass Pferde die Beine hineinstellen oder gar hineinkoten, wird über dieser Wand eine Holzlattung befestigt, die in der Mitte ein nach oben offenes V freilässt, durch welches das Pferd den Kopf steckt, um ans Futter zu gelangen (siehe nebenstehende Abbildung). Jetzt ist ein Verschmutzen oder Herumzerren nahezu ausgeschlossen.

▸ Eine weitere Möglichkeit bietet die Fressluke. In die Boxenwand wird eine Art Fensteröffnung eingebaut, durch die das fressende Pferd den Kopf steckt. Gefüttert wird von außen in einem Kasten, in dem das Heu sicher verwahrt liegt. Ohne begrenzenden Kasten könnte das Pferd sein Futter wegschieben.

Mit dick abgepolsterter Kordel trägt Dandy den Futtereimer am Kopf: So geht kein Krümel Kraftfutter verloren.

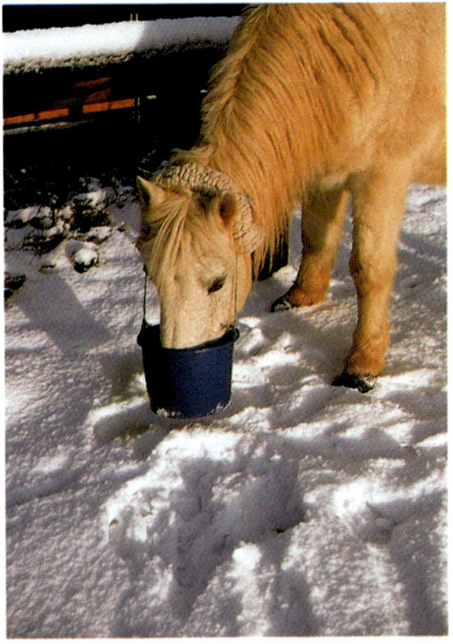

▸ In vielen Ställen werden neuerdings die Vorderwände der Boxen herausgerissen und durch senkrechte Gitterstangen ersetzt, die so weit auseinander stehen, dass die Pferde zwar ihre Köpfe, nicht aber den Körper hindurchzwängen können. Auch hier wird das Futter außerhalb der Boxen gereicht.

▸ Kraftfutter verschleudern

FRAGE

Kaum liegt das begehrte Kraftfutter in der Krippe, hat mein Ungar Siofog Lord nichts anderes zu tun, als es mit Schwung herauszuwerfen. Später sucht er dann die einzelnen Körner mühsam in der Einstreu, und vieles geht verloren. Schade ist es vor allem um die genau dosierte und teure Kräutermischung. Freunde sagen, dass das eine Eigenart meines Pferdes und nicht zu ändern sei. Aber ich kann und will mich nicht damit abfinden.

ANTWORT

Es wurden schon viele Arten von Futterkrippen entworfen, weil auch andere Pferdebesitzer ähnliche Probleme haben.

▸ Viele dieser Krippen haben einen nach innen gezogenen dicken Rand und eine kopfgerecht geformte Wölbung. So kann das Pferd sein Futter kaum mehr über den Rand hinausschieben.

▸ Andere Krippen weisen mehrere Querstäbe auf, durch die das Pferd zwar das Maul hindurchstecken, nicht aber das Futter durch Kopfschlenkern herausschleudern kann. Diese Querstäbe können je nach Pferderasse oder Kopfgröße entsprechend eng oder weit fixiert werden.

▸ Früher legten Landwirte in die Pferdekrippen mehrere verschieden große, runde Steine, die verhinderten, dass das Pferd hastig fressen oder sein Futter einfach herausschleudern konnte. Vielleicht eignet sich diese Methode für Ihr Pferd?

▸ Eine absolut verlustarme Fütterung ermöglicht der Hafersack, wie ihn die Landwirte früher mit ins Feld nahmen, um das schwer arbeitende Pferd in den Arbeitspausen zu füttern. Diese Futtersäcke bietet der Handel wieder an. Hygienisch ist der Futtersack allerdings nur bei sehr sorgfältiger, regelmäßiger Reinigung.

▸ Hygienischer ist ein Eimer, bei dem der Henkel entfernt wurde. Durch die Henkellöcher wird ein Band oder eine Kordel gezogen und mit beispielsweise einem zusammengebundenen Bauchgurtschoner abgepolstert. Dieses gepolsterte Band muss so lang sein, dass man es dem Pferd über den Kopf ziehen kann und zwischen Futter und Pferdemaul noch etwa 20 cm Luft bleiben.

Nun kann auch Ihr Siofog Lord kein Kraftfutter mehr vergeuden. Diese Art der Kraftfutter- und Mineralfutterversorgung hilft auch in den Fällen, wo Pferde zwar kein Futter aus der Krippe herauswerfen, wohl aber mit jedem Maul voll Futter in der Box herumwandern und dabei das teure Kraftfutter verlieren.

Lecksteine

Frage

Für unseren Ferienbetrieb (Reiterferien für Kinder) halten wir fast 50 Ponys und Pferde aller Rassen, die meisten davon in Offenställen mit angrenzenden Koppeln und in Gruppen von 8–12 Pferden.

Jede Offenstallgruppe hat natürlich ihren Leckstein, und gerade da liegt unser Problem. Die Lecksteine werden wie Spielzeug herumgeworfen, zerbissen und zertrampelt. Auch wenn wir sie an Kordeln aufhängen, liegen sie bald zerbrochen in der Einstreu.

Natürlich handelt es sich nicht um große finanzielle Verluste; aber es ist einfach ärgerlich, wenn die Salzstücke in solchen Mengen mit der Einstreu auf dem Mist und danach auf der Weide landen.

Antwort

Lecksteine sollten in keinem Stall, auf keiner Weide fehlen: Sie sind ein wichtiger Baustein für die Gesundheit unserer geliebten Vierbeiner.

Noch vor wenigen Jahren hängte man die Lecksteine mit dicken Seilen an Bäumen und in Offenställen oder Boxen an den Wänden auf. Dann kamen Kunststoff-Lecksteinhalter auf den Markt, in dem die Salzquader deutlich länger halten als die, die an Seilen aufgehängt werden oder einfach am Boden liegen.

Die Lecksteinhalter haben am Boden Prägungen, die man leicht durchstoßen kann, damit die Tropfflüssigkeit abfließen kann. Das ist auch gut so, weil Pferde diese Flüssigkeit nicht wegtrinken und sich der Salzquader in der Feuchtigkeit schnell total auflöst. Aber diese salzige Flüssigkeit ist so aggressiv, dass sie Steinmauern und Stallfundamente angreift oder den Mörtel auflöst. Holzwände quellen zwar im Laufe der Jahre durch das Salzwasser auf, bleiben aber intakt, und eine eventuell nötige Erneuerung ist preiswerter als eine Beton- oder Mauerwerksanierung.

Bleibt die Frage: Wohin mit dem Leckstein?

Lecksteinhalter

▶ Bei Rundraufen kann man die Lecksteine einfach obenauf legen. Die Tropfflüssigkeit wird vom Heu aufgenommen und mitverzehrt.

▶ Wenn man Lecksteine in einer Plastikschüssel oder einem stabilen Maurereimer ohne Henkel aufbewahrt und diese in einen oder zwei aufeinander gestapelte passend große Autoreifen stellt, werden sie nicht zertrampelt. Die Flüssigkeit muss man von Zeit zu Zeit ausleeren, damit sich die Steine nicht auflösen.

▶ Oder Sie kaufen fertige Leckschalen, Kunststoffschüsseln, deren fester Inhalt eine andere Zusammensetzung hat als die üblichen Salz- oder Minerallecksteine. Sie sind aber deutlich teurer und bei Pferden so beliebt, dass sie fast wie Futtermittel verzehrt werden.

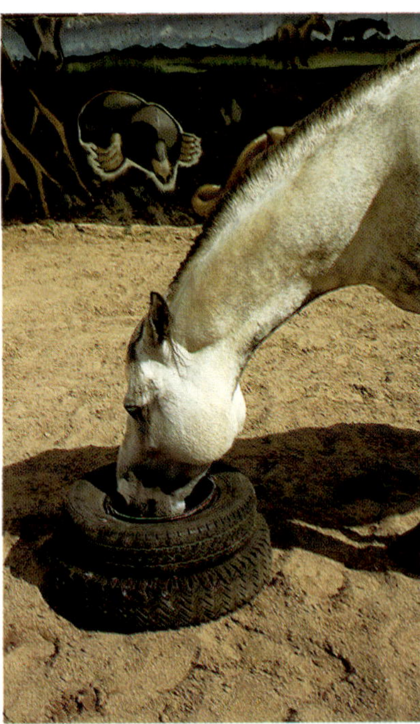

In einem oder zwei Autoreifen ist der Eimer wohl verwahrt.

Futterneid

▶ Futterneid im Boxenstall

Frage

Bei unserer Reithalle stehen mehr als zwanzig Pferde für den Schulbetrieb oder im Privatbesitz, die wir, ein Rentnerpaar, zwei Mal täglich füttern und auch sonst versorgen. Während der Futterzeit herrscht jedes Mal ein unglaublicher Lärm, weil zwei der Tiere ein großes Theater veranstalten: Sie starten Scheinangriffe auf die Nachbarpferde, schlagen gegen die Boxenwände, beißen in die Gitterstäbe oder steigen. Zum Glück ging es bisher ohne große Verletzungen ab, aber die Fütterei wird allmählich zu einem Albtraum, zumal man bei den beiden auch nicht entmisten kann, bevor nicht das letzte Krümelchen Kraftfutter verschwunden ist.

Jedes Pferd hat noch jeden Tag seine Mahlzeit bekommen. Also brauchen die beiden keine Angst zu haben um ihr Futter. Sie stehen jetzt schon zwei und drei Jahre im Stall und könnten doch inzwischen gelernt haben, dass jeder der Reihe nach sein Futter bekommt.

Antwort

Fast jeder Stall kennt das Problem des Futterneids, der bei Pferden dann besonders ausgeprägt ist, wenn sie wegen der Boxenhaltung keine Rangordnungen unter sich ausmachen können.

Hier spielt die Rangordnung sowieso nur eine untergeordnete Rolle, weil – geschützt durch die Boxenwände – rangniedere Pferde häufig besonders heftig den Chef markieren.

Um die Futterzeit wird's unruhig im Stall.

Ändern werden Sie diese beiden Wildlinge nicht. Sie können das Problem aber etwas in den Griff bekommen.

Sind für die einzelnen Pferde jeweils eigene Futtermischungen zusammenzustellen, dann erledigen Sie diese Arbeit

- entweder in einem Raum, wo die Pferde weder sehen noch hören und riechen können, dass Futter zurecht gemacht wird, oder
- füllen Sie die entsprechenden Portionen Stunden vor der Fütterzeit ein oder sogar schon, während die Pferde ihre fertige Portion noch verzehren. Dann können Sie in aller Ruhe die Mischungen für die nächste Mahlzeit fertig machen. Licht- und luftempfindliche Zusätze, die schnell verderben oder sich in kurzer Zeit in der Zusammensetzung ändern könnten, müssten Sie dann sozusagen in letzter Minute vor der Fütterung in die extra bereitgestellten und markierten Futtereimer einbringen, was aber deutlich schneller geht, als während der allgemeinen Unruhe um die Futterzeit die gesamten Futtereimer für alle Pferde zu füllen.
- Außerdem sollten Sie wenn irgend möglich diese zwei Rabauken so umstellen, dass sie gleich als Erste ihr Kraftfutter bekommen.

Mitunter sind Pferde nur dann futterneidisch, wenn ihnen der Stallnachbar nicht gefällt. Man muss durch Umstellen versuchen, befreundete Pferde nebeneinander zu stellen, um Aggressionen möglichst zu vermeiden, die besonders während der Futterzeiten extrem ausgelebt werden.

Sorgen Sie für absolute Ruhe während der Kraftfuttermahlzeit. Denn nur langsam verzehrtes Futter kann gut eingespeichelt und optimal verdaut und verwertet werden. Nervöse Fresser, hastige Schlinger werden häufig zu

Koliken neigen, mager bleiben und auch unter dem Reiter nervös und unkonzentriert sein.

Während dieser Kraftfutterpause sollten Sie auf keinen Fall mit dem Entmisten beginnen oder andere stark ablenkende Arbeiten bei den Pferden verrichten.

Natürlich könnte auch ein Helfer mit drohender Gerte vor den Boxen der zwei Wilden stehen. Aber der Frust würde dadurch nur verdrängt, nicht jedoch abgebaut. Und sobald der Helfer weg ist, kehren die wüsten Ungezogenheiten wieder zurück.

Besser ist es, den Frust, hervorgerufen durch die bekannten Geräusche und Gerüche um die Futtertonnen, gar nicht erst aufkommen zu lassen. Denn je nach Anzahl der Pferde und der Kompliziertheit der Mischungen kann die Vorbereitung des Kraftfutters bis zu einer Stunde und länger dauern.

▶ Futterneid im Offenstall

Frage

Unsere kleine Herde mit New Forest- und Reitponys sowie zwei Eseln lebt einträchtig im Offenstall zusammen, bis es Kraftfutter gibt. Dann ist die Hölle los! Die Tiere vergessen jede Freundschaft und jagen sich gegenseitig durch den Auslauf, was vor allem bei frostigem, rutschigem Winterwetter gefährlich ist.

Hat dann jedes Tier glücklich seinen Eimer – alle möglichst weit auseinander –, kehrt zunächst etwas Ruhe ein. Bald aber gehen Ranghöhere nachsehen, ob die anderen nicht besseres Futter haben. Dabei werden Eimer mit teurem Inhalt umgeworfen, und es wird gedroht, gebissen und geschlagen. Am schlimmsten werden immer die bescheidenen Esel belästigt.

Leider habe ich nicht so viel Zeit, um ständig mit der Gerte dazwischenzustehen, bis auch der Letzte seine Mahlzeit beendet hat. Ich hätte schon längst das Zusatzfutter gestrichen, wenn nicht zwei der Ponys unbedingt Kraftfutter mit Zusätzen bekommen müssten.

Wissen Sie mir vielleicht eine praktikable Lösung?

Antwort

Nicht alle Ponys, die im Offenstall gehalten werden, bekommen auch Kraftfutter. Wenn Heu in ausreichender Menge zur Verfügung steht, gibt es kaum Probleme mit Futterneid.

Kraftfutter jedoch wird in kleinen Portionen zugeteilt und schmeckt natürlich besonders gut, so dass jedes Pony gerne mehr davon hätte. Deshalb versuchen die Rangniederen, so schnell wir möglich ihre Portionen zu

Links der abklappbare Eimerhaken, rechts der Anbindering

verschlingen, weil sie wissen, dass die Ranghöheren ihnen gleich das Futter wegnehmen wollen. Kraftfutter kann aber nicht genügend eingespeichelt und voll verwertet werden, wenn es in Eile verschlungen wird. Im schlimmsten Fall droht eine lebensgefährliche Schlundverstopfung.

Versuchen Sie deshalb, Ruhe in die Futterzeit zu bringen. Da gibt es einige mehr oder weniger aufwändige Möglichkeiten:

- Man kann jedes Pferd individuell füttern, indem man ihm einen Futterbeutel oder eigens hergestellten Futtereimer umhängt (siehe Seite 98). Allerdings dürfen die Pferde nur unter Aufsicht fressen, weil ein ranghöheres Pferd nach seiner Mahlzeit bei den anderen weiterfressen will, auch wenn deren Eimer schon leer sind. Das kann der Ranghöhere aber nicht sehen, weil die Eimer am Pferdekopf hängen bleiben, bis sie abgenommen werden.

Dieser Eimerhalter ist nicht klappbar.

Selbst Fohlen lernen, in den Fressstand vorwärts hinein- und rückwärts wieder hinauszugehen. Als Nebeneffekt gibt es später keine Probleme beim Verladen.

- Eine bessere, wenn auch aufwändigere Lösung ist das individuelle Anbinden. Sie können jedes Pony in sicherem Abstand vor drohenden Hinterbeinen des Nachbarn rund um den Offenstall vor seinem Eimer anbinden. Statt die Eimer auf den Boden zu stellen, wo sie aus Futtergier schnell umgeworfen werden, bewähren sich klappbare Metallbügel, in die die Eimer bei Bedarf fest und umwerfsicher eingehängt werden.

Je nach Anzahl der Pferde ist das eine zeitraubende Lösung, bei der der Ranghöchste zuerst und dann dem Rang nach die anderen gehalftert und angebunden und in gleicher Reihenfolge die Eimer eingehängt werden müssen, damit es zu keiner Zankerei kommt.

- Eine aufwändige, dafür aber geradezu ideale Lösung ist die Kraftfuttergabe in Fressständen. Hier stehen die Pferde einzeln in jeweils einem Futterstand, durch hohe, undurchsichtige Wände von den anderen Pferden getrennt, und können in Ruhe ihre Portionen verzehren. Die Pferde (und natürlich auch Esel) wissen schnell, dass ihnen niemand das Futter wegnehmen kann. Sie haben schnell gelernt, dass sie kein anderes Pferd aus seinem Fressstand jagen können. Diese sind so eng (Standbreite und Länge etwa wie im Pferdehänger), dass sich kein Zweites dazu stellen kann.

Weil die Pferde wegen der undurchsichtigen hohen Wände keine Drohgebärden der Nachbarpferde erkennen können, lassen sie sich auch nicht von den Futterplätzen verjagen. Beißen in den Po, um ein rangniederes Pferd zum freiwilligen Verlassen zu zwingen, wird durch Ausschlagen beantwortet.

Weil Pferde – im Gegensatz zum Menschen – nicht nachtragend sind, sondern die eben gespürte Aggression gegen einen rangniederen Stallgefährten gleich wieder vergessen, muss kein Pferd Repressalien befürchten.

Futterneid auf der Koppel

Frage

Unsere Pferde leben auf einer sehr großen, mit vielen Bäumen besetzten Koppel, an der leider ein Fußgängerweg vorbeiführt.

Ohne dass wir es verhindern können, wird dort ständig gefüttert. Ganze Beutel voll Küchenabfälle landen auf der Koppel. Die Pferde sind inzwischen so futterneidisch, dass sie gleich aufeinander losgehen, sobald jemand mit einer Tüte oder einem Eimer kommt.

Gestern nun kam ich wie jeden Tag mit dem Futtereimer. Da ging mein Lieblingsfohlen auf mich zu, zwickte mich sehr fest in den Arm, schlug nach mir aus und rannte sofort weg, als die anderen Pferde herbeikamen. Alle drängelten sich

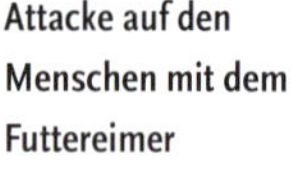

Attacke auf den Menschen mit dem Futtereimer

zankend und drohend um mich und den Eimer, so dass mir ganz mulmig wurde. Irgendwie bin ich nicht mehr Herr der Lage und bekomme allmählich Angst vor meinen eigenen eigentlich liebenswerten und zutraulichen Tieren.

Können denn Pferde durch das Füttern geradezu bösartig werden?

Antwort

Das unkontrollierte Füttern auf der Weide durch wohlmeinende Spaziergänger ist ein häufiges Problem.

Die Folgen können noch weitreichender sein, als Sie es bisher erlebten. Wie oft schlagen sich die Pferde gegenseitig so, dass die Verletzungen ein monatelanges Reitverbot zur Folge haben; und wie oft verursacht verdorbenes Futter gefährliche Koliken oder schleichende Vergiftungen.

Pferde, vor allem robust gehaltene Ponys, leben und reagieren ihren Urinstinkten nach. Dieses ausgeprägte Naturverhalten sorgt für ein Überleben in freier Natur und zwingt jedes Tier, zuerst an sich selbst zu denken.

Der Ranghöhere einer Pferdeherde darf sich die besten Weideplätze suchen. Die anderen können je nach Rang näher oder weiter weg vom Leittier weiden, das bei Gefahr die Herde schützen und leiten muss.

Ihr Lieblingsfohlen als vermutlich rangletztes Herdenmitglied beeilt sich, zuerst an der Futterquelle (also bei Ihnen) zu sein, um schnell noch ein paar Mäulchen Futter zu erhaschen, bevor es die Ranghöheren verjagen. Wenn Sie ihm nicht gleich etwas abgeben, will es sein vermeintliches Recht mit Beißen und Treten erzwingen – von friedlichem Teilen verstehen Pferde absolut nichts.

Vermutlich haben Sie Ihr Lieblingsfohlen bisher tüchtig verwöhnt und nur selten in seine Schranken verwiesen. Pferde zeigen sich bei bevorzugter Behandlung nicht dankbar, sondern erkennen das Verwöhnen und ständige Nachgeben als Schwäche und versuchen sofort, in der Hierarchie der Herde eine Stufe nach oben zu steigen. Wenn Sie das Fohlen nun mit Gerte und Stimme abweisen, wird es mit weiteren Attacken seinen „Aufstieg“ verteidigen wollen.

- Vermeiden Sie in nächster Zeit solche Machtproben, indem Sie auf ein Zufüttern verzichten. Bei gepflegter Weide mit nährstoffreichem Gras- und Kräuterbewuchs erübrigt sich im Sommerhalbjahr jede Kraftfuttergabe, wenn die Pferde nichts arbeiten müssen. Holen Sie wenn nötig das eine oder andere Pferd aus der Koppel, um ihm abseits der anderen Weidegefährten sein Spezialfutter zu geben.
- Gehen Sie in den nächsten Wochen nur noch mit einer langen Gerte in die Koppel, um einem Ungezogenen sofort einen mahnenden Klaps geben zu können.

Vorsicht:

Viele Pferde antworten nach Pferdeart auf einen Gertenklaps mit heftigem Ausschlagen! Also weg aus dem Bereich der Hinterbeine!

- Betreten Sie die Koppel nur, wenn Sie einen triftigen Grund dafür haben, nicht jedoch, um mit einem Pferd zu schmusen oder Leckereien zu verteilen.

- Wenn Sie ein Pferd putzen oder die Hufe ausräumen wollen, holen Sie es dafür extra aus der Koppel. Reichen Sie nur noch nach getaner Arbeit eine Leckerei, nur als Belohnung für geleistete Arbeit (etwa braves Stillstehen beim Putzen, Hufe räumen, Wunde versorgen usw.) und ohne dass die Weidegefährten das merken.

Leider ist das Füttern durch Spaziergänger nur sehr schwer einzudämmen. Aber Sie können Folgendes versuchen, das bei manchen Pferdebesitzern geholfen hat:

- Wenn die Koppel sehr groß ist, spannen Sie zwei Meter vom äußeren Zaun entfernt nochmals einen Elektrozaun. Dann sind die Pferde nicht mehr so leicht zu erreichen. Den Zwischenraum können Sie gelegentlich abmähen und grün verfüttern, abmulchen oder zu Heu trocknen.
- Bedenken Sie, dass viele Spaziergänger über die Folgen ihrer sorglosen Fütterei gar nichts wissen. Also müssen Sie versuchen, sie darüber aufzuklären. Da Sie sicher nicht alle Spaziergänger an der Koppel antreffen, können Sie es mit einem Hinweisschild versuchen oder über einen erklärenden Bericht im Gemeindeblatt oder der örtlichen Tageszeitung. Wenn Ihr Bericht nicht angenommen wird, bitten Sie einen Reporter um Mithilfe. Gerade im Sommerhalbjahr, der so genannten Saure-Gurken-Zeit für die Presse, kommt eine Reportage oft sehr gelegen.
- Erfolg versprechend ist auch die Eimerlösung: Bitten Sie in einem persönlichen Gespräch oder auf einem informativen großen Schild die Spaziergänger, das für die Tiere vorgesehene Futter aus Gesundheitsgründen nicht in die Koppel zu werfen, sondern

Beim Zufüttern auf der Weide ein Muss: Jedem Pferd seine eigene Portion vorlegen.

in den dafür außerhalb der Koppel und unerreichbar für neugierige Pferdenasen bereitgestellten Eimer zu legen. Nun können Sie selbst ein Mal täglich den Eimerinhalt kontrollieren und sortieren (den Inhalt zum Beispiel stillschweigend kompostieren und den Leuten das Gefühl geben, „gutes Futter“ nicht weggeworfen zu haben).

Sobald Ihre Pferde nicht mehr ständig gefüttert werden, bleiben sie mit der Zeit auch untereinander friedfertiger. Sie selbst sollten vermeiden, mit einem Eimer oder Beutel in die Nähe der Koppel zu gehen, damit Ruhe in das Verhältnis untereinander und zu Ihnen eintritt.

Wenn Sie die Koppel betreten, dann sprechen Sie freundlich mit den Pferden, ohne auch nur die kleinste Leckerei dabei zu haben (der Geruch verrät Sie!). Die Pferde müssen erst wieder lernen, dass Sie kommen, ohne etwas mitzubringen.

Sobald die Fronten geklärt, Sie als absoluter Herdenchef anerkannt sind und minderwertiges Spätherbstgras ein Zufüttern erfordert, können Sie auch wieder Kraftfutter auf die Weide bringen.

Betreten Sie die Koppel ganz ruhig und selbstbewusst (sicherheitshalber mit langer Gerte) und schütten Sie das Futter in vielen kleinen Portionen weit weg voneinander aufs Gras. Oder hängen Sie jedem Pferd – dem Rang nach – einen Futterbeutel oder -eimer um. Bleiben Sie sachlich, ruhig, aber flink, ohne Nervosität und aufgeregtes Herumschreien.

Treten Sie selbstbewusst und sicher auf, dann bleiben auch futtergierige Tiere Ihnen gegenüber zurückhaltend.

Verdauung

▶ Zu dicke Pferde

FRAGE

Meine Fjordponys leben das ganze Jahr über auf der Weide oder im Offenstall mit großem Auslauf. Leider sind sie vor allem im Sommerhalbjahr viel zu fett. Als ob sie ahnen würden, dass ich sie im Winter mit Futter knapp halte, fressen sie im Herbst wie wild in sich hinein und kommen völlig verfettet ins Winterhalbjahr. Weil es so umständlich ist, die Pferde jeden Tag auf die Weide zu bringen und wieder nach Hause zu holen, damit sie wenigstens zu gewissen Zeiten kein Futter vorfinden, lassen wir sie draußen.

Jetzt riet mir ein Nachbar, die Ponys einfach so lange auf einer Koppel zu lassen, bis wirklich kein Futter mehr zu finden ist, und sie erst dann umzutreiben. Meinetwegen könnten sie ja dick sein, aber ihnen geht bei den wenigen Ausritten, zu denen wir Zeit finden, schnell die Puste aus. Außerdem befürchten wir Hufrehe.

Auf Zuchtschauen sehe ich aber so viele schlanke Fjordpferde, dass man richtig neidisch werden könnte. Wie machen es denn andere Fjordpferdebesitzer, dass ihre Tiere so schlank sind und dabei eigentlich viel schöner aussehen?

ANTWORT

Das auffällige Futterverschlingen im Herbst ist von der Natur vorprogrammiert. Jedes frei lebende Wild muss das tun, weil sein Instinkt ihm jetzt entbehrungsreiche Zeiten signalisiert. Die Natur hat nicht eingeplant, dass der Mensch Gras trocknet für die kommenden Notzeiten.

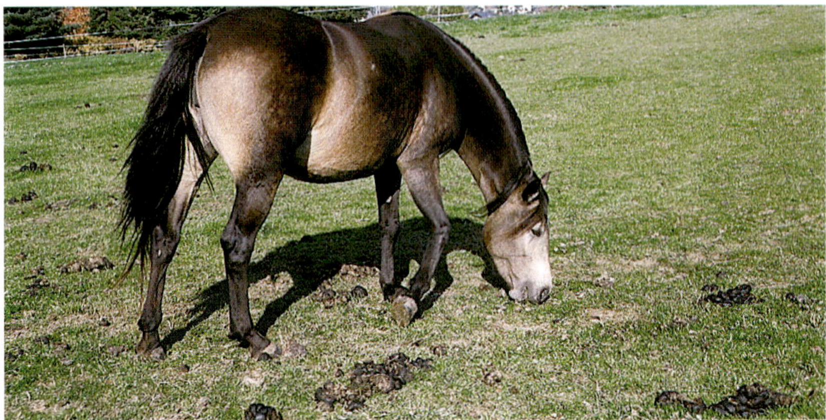

Eine total abgeweidete Koppel, übersät mit Pferdekot

Fjordpferde oder, wie der komplette Name im deutschsprachigen Raum lautet, Norweger Fjordpferde stammen aus dem rauen, kälte- und entbehrungsreichen Norden Europas. Gerade für die Berghänge der Fjorde, wo Arbeit mit Maschinen unmöglich ist, wurde ein leichtfuttriges und gleichzeitig arbeitstüchtiges, robustes Pferd gezüchtet.

Unsere Wiesen und Weiden sind mit anderem Futter bewachsen, üppiger und oft mit hoch gedüngtem Grasbewuchs, der für Milchkühe, nicht aber für so genügsame Tiere wie Fjordpferde, Haflinger, Isländer oder Shetlandponys ein geeignetes Grundnahrungsmittel ist. Leicht kann es da zu einer Eiweißüberfütterung und zur Hufrehe sowie Herzverfettung und Stoffwechselstörungen kommen, wenn der Mensch nicht aufpasst.

Wenn Sie Ihre Pferde einmal üppig fressen und dann auf leer gefressener Koppel sich wieder schlank hungern lassen, gehen Sie ein großes Risiko ein: Die Pferde werden aus Hunger schließlich die letzten Grashalme samt Wurzeln herausreißen (schlechter Grasnachwuchs) und damit zu viel Erde mitfressen (Kolikgefahr). Außerdem steigt das Ausbruchrisiko und damit die Gefahr von Verletzungen und gieriger Fresserei in den benachbarten Wiesen und Feldern (Kolik, Vergiftung).

Eine so genannte Hungerkondition sieht man Pferden deutlich an: Sie sind dann zwar schlank, aber es fehlen die Muskelpakete, an denen man ein gesundes, wohlproportioniertes Pferd erkennt, wie man es bei Zuchtschauen häufig sieht.

▸ Wenn irgend möglich, bitten Sie einen Landwirt um einige (gesunde) Rinder, die auf Ihren Koppeln grasen, bevor die Ponys darauf dürfen. Eine wechselseitige Nutzung von Pferd und Rind bekommt nicht nur den Pferden, die dann nicht so viel üppiges Futter auf einmal finden, sondern auch der Weide und dem gesamten Grasbewuchs.

▸ Wenn eine Wechselbeweidung nicht möglich ist, müssen Sie innerhalb der jeweils festen Koppel mit Elektrozaun einen Teil abtrennen, den Sie alle zwei, drei Tage um wenige Meter erweitern.

So ist die Grasmenge, die den Pferden täglich bleibt, ziemlich genau zu bestimmen – sorgfältige Koppelpflege vorausgesetzt.

- Sorgen Sie für mehr Beschäftigung der Ponys. Vielleicht wünschen sich Nachbarskinder schon lange ein Pflegepferd und sind bereit, dafür auch die Grundkenntnisse in einer Reitschule zu erwerben. So würden Ihre Pferde mehr arbeiten, und die Kinder könnten die Tiere auch während Ihres Urlaubs versorgen und bei der Koppelpflege helfen. Außerdem haben Schüler genug Zeit, wenigstens während der Ferienwochen die Fjordpferde stundenweise auf die Weide zu entlassen.

Achtung:

Haftungsfrage vorher mit den Eltern der Kinder abklären!

- Wenn Ihre Pferde gewöhnt sind, mit dem Stallhalfter auf der Weide zu leben, können Sie jedem eine Art Maulkorb verpassen. Dieses Kunststoffteil hat überall Ritzen, durch die das Pferd einige wenige Halme aufnehmen kann.

Warnung:

Das Tragen eines Stallhalfters ohne ständige Aufsicht birgt viele Gefahren. Pferde können damit überall hängen bleiben, und es gab schon mehrere Todesfälle, weil sich das Pferd beim Kratzen mit dem Hufeisen im Halfter verfing, stürzte und sich dabei das Genick brach.

Dieser Maulkorb mit Löchern erlaubt nur eine geringe Futteraufnahme.

Inzwischen gibt es eine Neuentwicklung auf dem Markt, das BL Sicherheitshalfter, das sich öffnet, sobald ein Pferd irgendwo hängen bleibt.

Zu dünne Pferde

Frage

Mein Mann und ich besitzen zwei prächtige Vollblüter, die eine eisenharte Gesundheit zeigen, obwohl oder vielleicht gerade weil sie im Offenstall oder auf der Weide gehalten und viel in freier Natur geritten werden. Während der Wallach eher rund ist, sieht die Stute seit einigen Wochen so mager aus, dass man deutlich die Rippen sieht. Wir haben schon etliche Futtermischungen ausprobiert, sie aber nicht runder füttern können. Zum Glück ist sie nach wie vor sehr munter, und auch ihr Fell glänzt noch immer wie Seide.

Antwort

Innerhalb jeder Tierart und Rasse gibt es dünne und dicke, fleißige und faule, kluge und dumme Tiere, so auch unter den Pferden: Nicht alle Haflinger sind dick, und nicht alle Vollblüter sind dünn. Wenn Ihre Vollblutstute aber innerhalb weniger Wochen sichtbar dünn geworden ist, müssen Sie gründlich nach den Ursachen forschen:

- Wann wurde die letzte Wurmkur gemacht? Welches Mittel wurde genommen und in welcher Dosierung? Offensichtlich wird laut Hersteller häufig das Mittel unterdosiert, weil die meisten Besitzer das Gewicht ihres Pferdes nicht richtig einschätzen können (Tierarzt fragen oder LKW-Waage benutzen, um das genaue Gewicht ermitteln zu können. Messbänder, die um den Bauch des Pferdes gelegt werden und danach das Gewicht bestimmen, sind zu ungenau).

Durchaus nicht alle Pferde, die zu jeder Zeit das gleiche Futter bekommen und auf der gleichen Weide stehen, sind auch gleichmäßig verwurmt. Sicherheitshalber sollten Sie eine Kotprobe untersuchen lassen.

Leider läßt sich ein Bandwurmbefall über eine Kotprobe nur schlecht nachweisen. Deshalb sollten Sie vorbeugend eine Bandwurmbehandlung durch Ihren Tierarzt vornehmen lassen.

- Hat Ihre Stute Probleme beim Kauen? Fallen ihr angekaute, zusammengerollte Heustücke aus dem Maul? Dann könnten Zahnhaken die Stute am gründlichen Kauen hindern (Tierarzt fragen).
- Haben Sie die Fütterungsgewohnheiten gegenüber früher geändert? Manchmal können schon andere Futterzeiten ein Pferd durcheinander bringen, was einem anderen durchaus nichts ausmacht.
- Andere Futtermittel, Heu anderer Zusammensetzung und Qualität können besonders sensiblen Pferden den Appetit verderben.
- Mangel an Vitaminen, Mineralien und Spurenelementen kann bei dem einen Pferd Magerkeit auslösen, ohne dass der Weidegefährte damit so deutliche Probleme hätte.
- Sogar fremde Personen im Stallbereich oder neue Reiter können ein sensibles Pferd verunsichern, während andere Pferde überhaupt nicht darauf reagieren.
- Das Alter eines Pferdes und das Geschlecht können ebenso das Fressverhalten beeinflussen wie
- eine besonders ausgeprägte Rosse.

Diese Aufzählung lässt sich gewiss beliebig fortsetzen, weil bei hochblütigen Pferden schon geringe äußere Umstände ein Gefühl der Unsicherheit hervorrufen und damit den Appetit beeinflussen können.

▶ Lassen Sie Ihre Stute zunächst einmal gründlich von einem Tierarzt untersuchen, um körperliche Probleme ausschließen oder das Pferd behandeln zu können.

▶ Sorgen Sie durch abwechslungsreiches Zusatzfutter für mehr Appetit. Füttern Sie regelmäßig Mash, das gesunden Pferden gut bekommt, kranken zur Rekonvaleszenz gereicht wird und im Allgemeinen den Appetit fördert.

Mashrezept:
3 Teile Weizenkleie, 1 Teil Quetschhafer, 2 EL Salz und 3/4 Tasse Melasse. Alle Zutaten gut vermischen und mit kochendem Wasser übergießen. Zugedeckt ca. eine halbe Stunde ziehen lassen und lauwarm verfüttern.

▶ Reichen Sie zum gewohnten Heu viel Saftfutter in Form von Rüben,

Möhren und in begrenztem Maße auch Äpfel. Mitunter steigert Silage den Appetit.

- Darüber hinaus könnten Sie Wiesen-Cobs anbieten, die sehr gehaltvoll und Appetit anregend sind, und Luzerneheu, dem man ähnliche Eigenschaften nachsagt.
- Sorgen Sie für absolute Ruhe während der Futterzeiten.
- Vermeiden Sie beim Umgang und Reiten alles, was die Stute zusätzlich unruhig machen könnte, und haben Sie Geduld: Auffüttern dauert seine Zeit.

Oben: Kurzhalmiges, matschiges Rasenmähgut ist lebensgefährlich. Unten: Gutes Futtergras mit klar erkennbaren Halmen und Blättern

Rasengras, Garten- und Küchenabfälle

FRAGE

Ich habe jahrelang auf ein eigenes Pony gespart und mir endlich meinen Traum erfüllt. Bronco ist ein lieber Kerl, der jetzt unseren Obstgarten bewohnt. Leider reicht das Gras dort nicht für mein Shetlandpony.

Nun bieten mir die Nachbarn Gras an von den Vorgärten. Auch kann ich Garten- und Küchenabfälle bekommen. Mein Opa, der mir beim Pony und auch sonst hilft, sagt aber, dass dieses „Gefüttere“ meinen Bronco krank macht.

Die Straßenmeisterei, wo mein Papa arbeitet, würde uns auch Gras bringen können, und zwar so viel, dass wir davon auch Heu machen könnten. Mein Opa und ich wissen aber nicht, ob dieses Gras oder Heu schädlich für meinen Bronco ist oder nicht.

ANTWORT

Gras aus Vorgärten, also Rasengras, ist ein zu einseitiges Futter. Es fehlen die Kräuter, die Artenvielfalt. Oft sind Rasenflächen mit Unkrautmitteln behandelt oder überdüngt worden und damit für Pferde und auch Ponys ungeeignet.Außerdem ist das Gras viel zu kurzhalmig und hat zu wenig Raufaseranteil. Beim Mähen verklumpt es zu grünen Bollen, die Dein Pony nicht kaut, sondern einfach abschluckt, was zu gefürchteten Koliken führen kann. Kurzes, überdüngtes Gras wird nach dem Schnitt warm und fängt an zu gären.

Warnung:

Rasenmähgut und kurzes Zierrasengras ist für Pferde lebensgefährlich.

- Garten- und Küchenabfälle sind auch nur bedingt als Zusatzfutter geeignet, weil in den Gärten meist mit zu viel Dünger und Unkrautmittel gearbeitet wird. Außerdem neigen diese Reste zu Faul- und Gärstellen. Bei Kartoffeln müssen grüne Stellen und die Augen sorgfältig entfernt werden, weil sie hochgiftig sind.
- Selbst der eigene Obstgarten birgt viele Gefahren für Pferde. Zur Blütezeit fliegen ganze Völker von Bienen um die Bäume, Sträucher und Blumen. Besonders gefährlich wird es im Herbst, wenn die Früchte an den Bäumen und Sträuchern heranwachsen: Die Pferde naschen auch von unreifem Obst, was schnell zur Kolik führen kann. Und im überreifen Obst sitzen häufig Wespen, die natürlich auch Pferde stechen können.
- Schließlich sind die Kerne des Steinobstes giftig (Blausäure). Ein Pferd oder Pony kann nicht wissen, dass man die Kerne ausspucken muss. Einige wenige Kerne schaden nicht; aber kein Pferd kann dem süßen, wohlschmeckenden Steinobst widerstehen und wird im Übermaß zulangen. Koliken, Vergiftungen und heftiger Durchfall können die bittere Folge sein.
- Nicht minder gefährlich sind die vielen Ziersträucher und -bäume, die als Blickfang für Hausgärten angepflanzt werden. Auch viele Zwiebelgewächse und Blumen bergen Gift.
- Gras oder Heu von der Straßenmeisterei muss sorgfältig auf seine Herkunft überprüft werden. Mitunter wurden von der Kommune oder dem Staat große Wiesenflächen angekauft, um dort in absehbarer Zeit weitere Straßen zu bauen. Heu von diesen Wiesen kann, wenn es richtig getrocknet wurde, ebenso gut sein wie das von Landwirten oder Heuhändlern.

Warnung:

Heu oder Gras von Autobahnrandstreifen oder um Raststätten sowie von Straßenrändern besonders intensiv befahrener Bundesstraßen und Autobahnkreuze ist gekennzeichnet durch besonders hohen Schadstoffgehalt. Häufig ist dieses Grünzeug auch verunreinigt durch Plastik, Glasscherben, Blechdosen, Zigarettenreste und anderen Unrat, den die Autofahrer gedankenlos aus dem Fenster werfen.

Bitte überlege Dir zusammen mit Deinem Opa nochmals gründlich die Sache mit dem Heukauf. Wenn Ihr beim Landwirt keines bekommen könnt, wird Euch der Landhandel sicher die gewünschte Menge beschaffen können.

Merke:

Teuer gekauftes, aber gutes Heu ist im Endeffekt noch immer preiswerter als ein krankes Pferd.

Rund um die Pflege

Rund um die Pflege

In freier Wildbahn pflegen Sonne, Wind und Regen das Fell. Während des Fellwechsels helfen Büsche und Bäume sowie die Zähne der befreundeten Herdenmitglieder, das juckende Altfell loszuwerden. Die Hufe werden durch den natürlichen Wechsel von festem und weichem, nassem und trockenem Untergrund gepflegt.

Bei reiner Boxen-Einzelhaltung müssen Menschen die Fell- und Hautpflege übernehmen. Als Ersatz für Wind, Regen und die helfenden Zähne der Weidegefährten muss die Bürste dafür sorgen, dass die Durchblutung angeregt und der Juckreiz gestillt wird. Wenn stundenweiser Weidegang nicht möglich ist, wird die Sonne häufig durch ein Solarium ersetzt.

Die Hufe müssen täglich gereinigt und regelmäßig berundet werden.

Bei ganzjähriger Offenstall- oder Freilandhaltung in einer Herdengemeinschaft genügt die regelmäßige Kontrolle: tägliches Überwachen auf Verletzungen, ausbrechende Hufe, eingeklemmte Steine, Lahmheiten oder sonstige Krankheitsanzeichen.

Lediglich vor der Arbeit als Reit- oder Fahrpferd müssen die Stellen, an denen die Ausrüstung sitzt, gründlich von Sand, Halmen und Erdkrusten gesäubert werden, damit das Fell dort nicht aufscheuert.

Normalerweise putzt man Pferde vor der Arbeit am ganzen Körper, aber nicht weil das zwingend notwendig ist, sondern weil diese Putzaktion dem Pferd Wohlbehagen bereitet, es dann auch dem Wunsch des Menschen nach Sauberkeit entspricht und man natürlich selbst Freude am glänzenden, gepflegten Pferd hat.

Zum Thema Pflege beim Boxen- wie Offenstallpferd gehört das Anbinden ebenso wie das Aufheben der Hufe – schlichte Tätigkeiten, die trotzdem manch böse Verletzungen bei Mensch wie Pferd zur Folge haben können.

Anbinden

Anbinden von Fohlen

Frage

Unsere Conchita ist jetzt fünf Monate alt und halfterzahm, lässt sich gerne putzen, die Hufe auskratzen und geht am Führriemen mit. Aber sobald man sie anbindet, reißt sie in Panik am Anbindeseil, so dass man sie sofort loslassen muss.

Conchita ist bereits verkauft, wird demnächst abgeholt und muss sich für die Fahrt im Hänger anbinden lassen. Wie bringen wir ihr das auf die Schnelle bei?

Angebunden am Bauchgurt der Mama: So lernt ein Fohlen schnell das Anbinden und Stillstehen.

ANTWORT

Alle Fohlen sollten beizeiten lernen, sich anbinden zu lassen und auch angebunden für einige Zeit stehen zu bleiben: beim Transport im Hänger, beim Putzen, bei der Hufpflege und später beim Satteln, wo und wann auch immer.

Je früher ein Pferd das Stillstehen lernt, umso schneller fügt es sich ins Unvermeidliche. Fohlen können bereits nach der ersten Lebenswoche an das Stallhalfter und das kurzzeitige Anbinden gewöhnt werden.

- Legen Sie Ihrer Conchita ein passend verschnalltes Halfter mit breitem oder abgepolstertem Genickstück an, damit dieses beim Zerren nicht einschneidet.
- Binden Sie zunächst einmal die Mutterstute an einer Wand oder einem fest verankerten Anbindebalken an, abseits irgendwelcher Draht- oder E-Zäune (Verletzungsgefahr). Wenn Conchita am Bauchgurt der Mutter festgebunden wird, kann eigentlich nichts passieren. Solange sich die Stute nicht aufregt, wird auch ihr Fohlen ruhig bleiben. In der Nähe der Mama weiß sich das Fohlen sicher; außerdem ist das Anbinden am Bauchgurt nicht so starr wie das Festbinden an einem Wandring oder Balken.
- Bleiben Sie in der Nähe, falls sich das Fohlen beim Zappeln im Anbindestrick verfangen sollte. Direkt neben der ruhigen Mama lernt es schnell, dass Widerstand zwecklos und Anbinden und Stillstehen weder schmerzhaft noch gefährlich ist.
- Üben Sie dieses Anbinden immer und immer wieder, aber zunächst nur jeweils ca. 15 Minuten. Das ist für ein Saugfohlen schon eine lange Zeit!

Später lernt es, immer etwas weiter weg von der Mutter an der Wand oder dem Balken angebunden zu stehen – es kann die Mutter zwar sehen und hören, hat aber keinen direkten Körperkontakt zu ihr. Bald schon wird es auch alleine am Anbindebalken stehen bleiben.

- Wenn es irgendwie machbar ist, sollten Sie Stute und Fohlen schon einmal probeweise transportieren. Wenn beide im Hänger nebeneinander stehen – mit oder ohne Trennwand –, lernt das Fohlen von seiner Mutter das geduldige Stillstehen, auch wenn sich der „Stall“ jetzt bewegt.

▸ Anbinden älterer Pferde

Frage

Mein Janosch, den ich erst seit zwei Monaten besitze, ist drei Jahre alt und laut Aussage der Züchter noch nie im Leben angebunden worden. Niemand hatte bisher Zeit, ihm das beizubringen, weil er im Winter in einer großen Box und im Sommerhalbjahr auf der Weide zusammen mit anderen Pferden lebte.

Bei uns lebt er im Offenstall mit Matschauslauf und ist entsprechend schmutzig. Aber wie soll ich ihn in Ruhe putzen können, wenn er nicht stillsteht? Wie soll ich ihn je alleine satteln, wie die Hufe pflegen können, ohne ihn anzubinden?

Beim ersten Anbindeversuch hat er so heftig reagiert, dass ich jetzt keinen Mut habe, es nochmals zu versuchen.

Antwort

Das Gewöhnen ans Anbinden und Stillstehen ist umso schwerer, je älter ein Pferd ist.

- Üben Sie zunächst einmal – ohne ein Pferd – den Sicherheitsknoten, damit Sie es im Notfall schnell von der Anbindung befreien könnten.
- Der Anbindeplatz soll einen möglichst weichen Untergrund haben, damit Janosch, falls er sich sehr wehrt und dabei umfällt, nicht zu hart aufschlägt.
- Nirgends darf ein gefährlicher Zaun sein, in dem er sich verfangen könnte. Keine Metallteile oder splitternde Holzstücke dürfen in Reichweite seiner Hinterbeine sein, damit er sich bei einem Ausschlagen nicht verletzen kann.
- Anbindering oder -balken müssen absolut sicher verankert sein. Ungeeignet sind Weide- oder Gartenzaunpfosten, weil diese nur selten stabil genug verankert sind.
- Nun legen Sie Janosch ein breites, am Genickstück gepolstertes und sehr stabiles Stallhalfter an, das recht eng am Kopf sitzen soll, damit er es nicht abstreifen kann.
- Vor dem ersten Anbinden sollen Sie ihn longieren oder frei auf einem Platz laufen lassen, bis er keine rechte Lust mehr hat. Dann ist der Übermut ausgetobt, und er wird sich einigermaßen ruhig verhalten.
- Stellen Sie ein älteres, ruhiges und möglichst mit Janosch befreundetes Pferd an den Anbindeplatz und binden Sie Janosch daneben fest. Bleiben Sie dabei stehen und warten Sie ab. Auch wenn Ihr Pferd absolut stillsteht, heißt das noch nicht, dass es das Anbinden auch schon akzeptiert. Es muss erst spüren, was es heißt, an einem Platz festgehalten zu werden.
- Will Janosch freikommen, wird er mit aller Kraft rückwärts ziehen. Sprechen Sie mit ihm, binden Sie ihn aber auf keinen Fall los, sondern führen Sie ihn am Anbindestrick wieder nach vorne. Bei jedem Versuch von Janosch,

Sicherheitsknoten: Das Anbindeseil durch den Ring ziehen und eine große Schlaufe legen.

Eine zweite Schlaufe durch die erste legen.

Die erste Schlaufe fest an den Ring ziehen.

Danach weitere Schlaufen locker durchziehen ...

... und das Endstück gegen ein unbeabsichtigtes Öffnen locker durch die letzte Schlaufe holen. Zum Öffnen ...

... das Endstückaus der letzten Schlaufe holen und daran ziehen, bis alle Schlingen und Knoten gelöst sind.

Hier wehrt sich das Pferd heftig gegen das Anbinden – der Gummianbinder wird auf die doppelte Länge gedehnt.

nach rückwärts herumzuzappeln, zu ziehen oder zu steigen, sagen Sie laut, deutlich und strafend „Nein!" und bringen geduldig, aber bestimmt das unruhige Pferd immer wieder zum Anbindering zurück.

- Verzichten Sie auf jeden Fall auf die Gerte! Denn wenn Janosch gleich zu Anfang Angst oder gar Schmerzen hinnehmen muss, wird das Anbinden auch in Zukunft zum Trauma für Mensch und Tier.
- Vergessen Sie das Loben und Belohnen nicht!
- Beenden Sie diese für Pferde anstrengende Übung nach spätestens 15 Minuten; denn für ein junges Pferd ist das Stillstehen eine der schwersten Lektionen im Pferdeleben.
- Wiederholen Sie diese Anbindeübungen täglich ein oder zwei Mal, zunächst mit seinem Stallfreund daneben, bis Janosch bereit ist, ruhig und gelassen still zu stehen.

Achtung:

Bleiben Sie bei all diesen Übungen immer in der Nähe, damit Sie im Notfall schnell eingreifen können.

Wenn früher die Pferde der Landwirte im Ständer nur angebunden lebten, war die Situation eine andere; denn diese Tiere mussten täglich hart arbeiten, so dass sie das Anbinden mit Futter, Ruhe und Pause verbanden und zufrieden am Fleck stehen blieben.

Die heutigen Pferde arbeiten wenig; vor allem Fohlen fällt es schwer stillzustehen – ähnlich wie den ABC-Schützen das Stillsitzen.

Wenn erst einmal das Stillstehen über längere Zeit neben einem Kameraden klappt, wird Janosch bald auch problemlos alleine anzubinden sein.

▸ Anbinden verdorbener Pferde

FRAGE

Meine Violetta, mein wunderbares Weihnachtsgeschenk, kam mit einem Problem zu uns in den Stall: Sie lässt sich nirgends anbinden, ohne in Panik zu geraten. Violetta ist schon 12 Jahre alt, und wir wissen nicht, ob sie es nie gelernt hat oder ob sie die Angst davor erst seit dem Stallwechsel hat und weshalb.

Natürlich kann ich mein Pferd auch in der Box satteln. Trotzdem wäre es praktisch, wenn man es anbinden könnte, weil wir oft Wanderritte machen und alle anderen Reiter ihre Pferde bei einer Rast anbinden können.

Ist Violetta zu alt dafür, das noch zu lernen?

ANTWORT

Es ist leichter, einem jungen Pferd Neues beizubringen, als einem verdorbenen eine Unart, eine Angewohnheit wieder abzuerziehen. Noch schwieriger ist es, wenn man überhaupt nicht weiß, wie lange das Pferd diese Unart hat und wie es überhaupt dazu kam.

Trotzdem sollten Sie zu Hause einmal in Ruhe ausprobieren, ob nicht doch noch einige Tricks helfen, Violetta an ein Anbinden zu gewöhnen.

Da Sie Ihr Alter nicht genannt haben und auch nichts über Ihre psychische und physische Belastbarkeit aussagen, sollten Sie unbedingt einen erfahrenen, ruhigen und besonnenen Helfer anheuern, denn die Korrektur eines Problempferdes kann manche Gefahren für das Pferd, Sie selbst und die Helfer bedeuten.

▸ Zum Anbinden jedes Pferdes, besonders aber für schwierige, gehört ein absolut sicherer Anbindering, einbetoniert in einer Wand oder mit einer durchgehenden Schraube an einem

Gummianbinder im Normalzustand

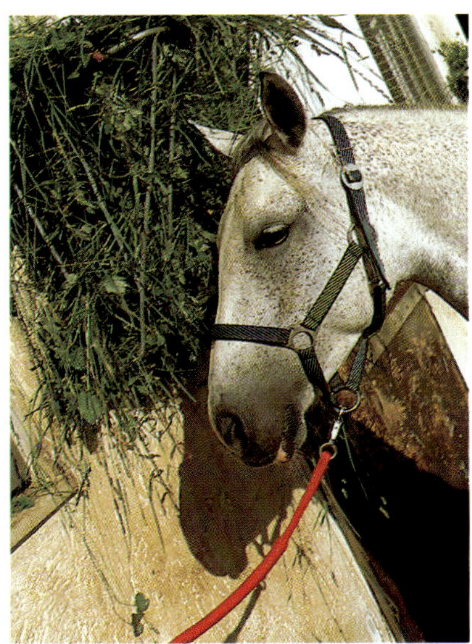

Noch ein Gummianbinder, aufgemacht wie ein normaler Führstrick mit Panikhaken

äußerst stabilen, einbetonierten Anbindebalken befestigt.

- Dazu gehört ein absolut stabiles Stallhalfter, das am Genickstück üppig gepolstert ist und dessen Schnallen alle noch voll funktionsfähig und belastbar sind. Beim geringsten Zweifel sollten dem Pferd zwei Stallhalfter übereinander angelegt werden, denn wenn das Pferd bei allen Versuchen immer wieder freikommt, sobald es sich nur heftig genug wehrt, haben Sie irgendwann endgültig verloren.
- Der Anbindestrick (auch hier im Zweifelsfall zwei) soll möglichst neu und mit einem stabilen Panikhaken ausgerüstet sein.
- Diesen Anbindestrick sollte man nicht direkt am Anbindering einhaken, sondern eine nachgebende Verbindung dazwischenhängen, nämlich einen bisher wenig gebrauchten, noch nicht überdehnten Gummianbinder.
- Im Idealfall hat der Anbindeplatz einen weichen, griffigen Boden und im Bereich ausschlagender Hufe keinerlei Zäune oder sonstige Gegenstände, an denen sich das Pferd bei Panik verletzen könnte.

Nun sind alle Vorbereitungen so weit getroffen.

- Machen Sie mit Freunden einen längeren Ausritt, damit der Übermut abreagiert ist. Eine gewisse Übermüdung könnte hilfreich sein.
- Binden Sie Ihre Violetta zwischen zwei ihr wohl bekannten, ruhigen und anbindesicheren Pferden wie oben beschrieben am dafür vorgesehenen Platz an und warten Sie ab, was nun passiert. Sobald Violetta zurückzieht, reden Sie beruhigend auf sie ein, packen sie am Halfter und führen sie behutsam wieder nach vorne, bis das Anbindeseil wieder durchhängt.
- Wiederholen Sie das immer und immer wieder, sobald sie zurückdrängt. Und reichen Sie ihr jedes Mal eine Leckerei, sobald sie bereitwillig wieder nach vorne geht. Sie muss merken, dass sie zwar angebunden ist, aber das Anbinden angenehm sein kann, weil es dafür Leckereien gibt.

Sie dürfen keinesfalls schreien oder das Pferd strafen, sondern müssen sich selbst zu größter Ruhe ermahnen, um diese selbstsichere Ruhe auf das Tier zu übertragen. Wenn Sie, die Helfer und die dabeistehenden Pferde ruhig bleiben, wird auch Violetta sich an die neue Situation gewöhnen.

Sind all diese Versuche gescheitert, muss neu überlegt werden.

Ist Violetta schon ein- oder mehrere Male in einem Hänger transportiert worden? Dann kennt sie eigentlich das Stillstehen am Anbindeseil und eine hintere Absperrstange. Genau diese Situation versuchen Sie zu Hause nachzuahmen:

- Üben Sie das Anbinden in einer Box mit außerordentlich stabilen Wänden. Wenn Violetta dann versucht, rückwärts auszuweichen, stößt sie an eine feste, unnachgiebige Wand. Sie kommt nicht frei, auch wenn sie sich noch so sehr wehrt.

Wichtig:

Lassen Sie Ihr Pferd bei dieser Lektion niemals alleine, bleiben Sie aber sicherheitshalber außerhalb der Box stehen, um vor wütenden Hinterbeinen sicher zu sein.

Cowboys wählen andere Methoden, mit denen sie relativ wild aufgewachsene Pferde ans Anbinden gewöhnen. Dazu gehört eine sehr stabile Anbindemöglichkeit (ohne gefährliches Drumherum). Das Stallhalfter soll am Kinnteil einen großen, starken Ring haben. Um den Bauch des Pferdes wird nun ein dickes Tau geschlungen (mit einer Schlinge, so dass sich das Seil bei jedem Zug straff spannt, bei jedem Lockerlassen wieder nachgibt). Das Ende des dicken Seiles wird zwischen den Vorderbeinen durch den großen Ring am Stallhalfter und zum Anbindepfosten geführt und dort bombenfest verknotet. Jedes Mal, wenn der Wildling sich losreißen will, strafft sich das Tau, zieht sich allmählich zu und schnürt dort, wo der Bauchgurt sitzt, unangenehm den Bauch zusammen.

Der Vorteil dieser Methode besteht darin, dass sich das Pferd sofort selbst straft, wenn es sich heftig gegen das Seil wehrt.

Ganz ungefährlich ist diese Methode allerdings nicht; denn nirgends ist eine Stelle vorgesehen, die man im Notfall schnell öffnen kann.

Ein Panikhaken könnte sich im unpassenden Moment öffnen, und ein Sicherheitsknoten würde sich bei so heftigem Druck zuziehen und nicht mehr öffnen lassen. Wenn sich das Pferd überschlägt und in den Seilen festhängt, hilft nur noch der Griff zum Messer, um das Seil durchzutrennen.

Für Pferde, die im Bauchbereich unempfindlich reagieren, wird eine andere Art des Anbindens mit Hilfsseilen empfohlen.

Das Pferd wird mit einem stabilen, sehr straff angelegten Longiergurt (mit Ringen oder Griffen) ausgerüstet. Ein sehr langes, dickes Seil wird vom Anbindering durch den unteren sehr großen Halfterring durch einen Griff (oder Ring) am Longiergurt über den Pferderücken auf die andere Körperseite gelegt, dann wie ein Schweifriemen unter der Schweifrübe wieder zurück über den Rücken durch den anderen Griff und dann erneut durch den Halfterring geführt. Beide Seilenden werden dann am Anbindering sehr fest und gegen ein Öffnen gesichert zusammengeknotet.

Jedes Mal, wenn das Pferd am Anbindeseil zieht, spürt es einen Druck am Schweifansatz, der um so stärker wird, je heftiger es sich gegen ein Anbinden stemmt, aber nachlässt, sobald auch das Pferd nachgibt.

Meist haben die Pferde den Zusammenhang schnell begriffen: Zurückziehen bedeutet Schmerz, Nachgeben und Stehenbleiben bringt Entspannung.

Anbindetrick der Cowboys: Wenn das Pferd zurückzieht, presst das Seil unangenehm den Bauch zusammen.

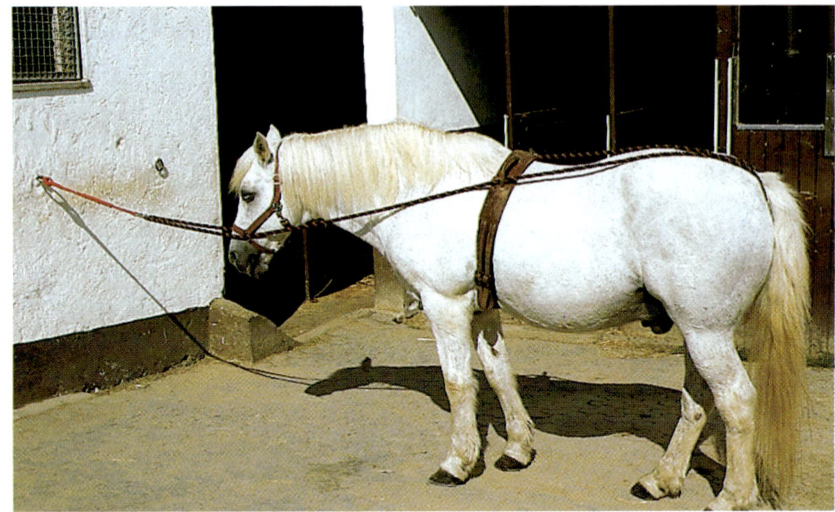

Die Verbindung zum einbetonierten Mauerring ist über einen Gummistrick nachgiebig gemacht.

Hier wirkt der Druck beim Zurückziehen auf die Schweifrübe.

Vorteile und Nachteile entsprechen denen der Methode mit dem Tau um den Pferdebauch.

Bevor man auf solche harten Methoden zurückgreift, die ja schließlich manche Gefahren für das Pferd bergen (Steigen bis zum Überschlag am unnachgiebigen, reißfesten Seil!), muss man überlegen, ob ein Anbinden wirklich lebensnotwendig ist.

Mir sind Pferde bekannt, die sich nicht fest anbinden lassen, wohl aber ruhig und gelassen zwischen den anderen wartenden Pferden stehen, wenn der Anbindestrick nur ein oder zwei Mal lose um den Anbindebalken geschlungen wird. Natürlich kann man dieses Pferd am locker geschlungenen Anbinder nicht ohne Aufsicht lassen. Aber bei einem Gaststättenbesuch wird sowieso immer eine Aufsichtsperson bei den Pferden bleiben, damit diese nicht etwa aus Langeweile Lederzeug ankauen oder sonstigen Unfug treiben.

Wenn bei einer Veranstaltung wie beispielsweise einem Suchritt oder dem *Ride and Tie* Pferde angebunden stehen bleiben müssen, nehmen Sie einen Punkteabzug in Kauf oder verzichten Sie wenn nicht anders möglich lieber auf eine Teilnahme.

Nach diesen teils umstrittenen Vorschlägen müssen Sie sich die Frage selbst beantworten, ob das Anbinden Ihnen so wichtig ist, dass Sie um jeden Preis alles versuchen, damit Ihre Violetta es endlich akzeptiert.

Hufe geben

Frage

Vor vier Wochen habe ich bei einem Händler den Schimmelwallach Little Lord gekauft und eine Box in einer tollen Reitanlage mit Halle gemietet. Little Lord ist mein Traumpferd mit verschmustem Charakter und weichen Bewegungen. Im Straßenverkehr ist er ruhig und sicher, und auch im Gelände macht er mit seiner Gelassenheit nur Freude.

Wir haben nur ein einziges Problem, aber was für eins! Little Lord lässt sich die Hufe nicht aufheben. Ich kann nicht einmal die Hufe ausräumen, vom sicher bald notwendigen Beschlag ganz zu schweigen. Da ich das Pferd „mit allen Garantien“ gekauft habe, wollte ich beim Händler deswegen reklamieren. Der aber wimmelte mich gleich barsch ab!

Zurückgeben möchte ich das Pferd eigentlich auch nicht. Aber er sollte mir wenigstens zeigen, wie er die Hufe bisher aufgehoben hat, denn das Pferd war beschlagen. Außerdem hätte ich gerne einen Teil des Kaufpreises zurück.

Was mache ich nun? Denn das Pferd ist für mich mehr oder weniger wertlos, wenn ich nicht an die Hufe kann.

Antwort

Gegen einen Pferdehändler kann man nur dann vorgehen, wenn er im Kaufvertrag Eigenschaften zugesagt hat, die das Pferd nicht aufweist. Und wenn das Pferd an einem oder mehreren gesetzlichen Mängeln, den so genannten Gewährsmängeln, leidet: Dämpfigkeit, Dummkoller, Kehlkopfpfeifen, Koppen, Periodische Augenentzündung und Rotz. Wenn der Händler Ihnen das Pferd mit „allen Garantien“ verkauft hat, sind damit nur die gesetzlichen Gewährsmängel gemeint. Die Weigerung des Pferdes, die Hufe zu geben, hat damit absolut nichts zu tun. Leider haben Sie beim Kauf versäumt, Little Lord darauf zu prüfen.

Es ist möglich, dass das Pferd beim Beschlagen unter Beruhigungsmitteln oder Zwangsmaßnahmen stand, weil der Händler so heftig auf Ihre Nachfrage reagierte. Es kann aber auch sein, dass Little Lord die Hufe nur ungern hebt und bei Ihnen gleich gemerkt hat, dass Sie sich einschüchtern lassen.

Ich habe persönlich erlebt, dass Fohlen, die uns als Züchter problemlos alle vier Hufe reichten, sich heftig weigerten, Fremden (dem Käufer) auch nur eines der Beine zu lassen.

Ihr Pferd steht erst seit vier Wochen im neuen Stall. Es muss sich an neue Bezugspersonen gewöhnen, die es vermutlich anders anfassen, anders behandeln als die bisherigen Besitzer. Eine andere Umgebung, neues Futter und neue Stallgefährten bedeuten zusätzlichen Stress. Eine so tief greifende Umstellung bedeutet auch für einen Menschen Stress, obwohl er ja weiß, warum er umgezogen ist und die Arbeitsstelle gewechselt hat.

Für ein Tier ist es viel schwerer zu begreifen, warum es aus seiner gewohnten Herden- und Stallgemeinschaft heraus und schon wieder an einen neuen Platz umziehen muss. Mit jeder Veränderung, mit jedem Besitzwechsel muss sich ein Pferd seine Stellung in der Rangordnung neu erkämpfen. Wenn Lord Ihnen die Hufe nicht geben will, kann das an seiner Unsicherheit in der neuen Umgebung

Ganz einfach: Am Vorderbein entlangstreichen ...

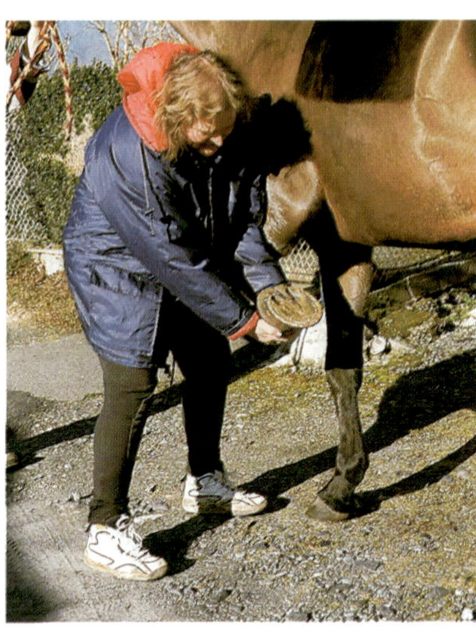

... und den Huf hochheben.

liegen und an seinem Versuch, Ihnen seine Überlegenheit zu zeigen.

Bitten Sie zunächst einmal einen langjährigen Pferdebesitzer oder den Schmied, Ihnen zu zeigen, wie man sich an das Pferd stellt und wie man die Hufe normalerweise anhebt.

▶ Beschäftigen Sie sich in den nächsten Wochen besonders intensiv mit Ihrem Pferd. Füttern, entmisten und pflegen Sie es selbst so oft wie möglich, damit es Sie als *seinen Freund* anerkennt, akzeptiert und schließlich als *Chef* respektiert.

▶ Putzen Sie Little Lord häufig, denn Pferde mögen das; es ist ein Zeichen der Freundschaft – bei Verhaltensforschern als *soziale Fellpflege* bezeichnet. Pflegen Sie ihn, auch wenn es den Gewohnheiten des Stalles widersprechen sollte, zunächst nur innerhalb seiner Box, wo er sich geborgen fühlt. Binden Sie ihn dabei an, damit Sie nicht von ihm ein eine Ecke gedrängt werden können und ihm auch nicht ständig hinterherlaufen müssen.

▶ Putzen Sie mit extra weicher Bürste, aber mit fester Hand immer der Haarrichtung folgend. Sprechen Sie dabei viel mit ihm, damit Little Lord sich Ihre Stimme einprägt. Putzen Sie, in Blickrichtung auf die Pferdekruppe dicht am Pferd stehend, ausgiebig auch die Vorderbeine hinab, wenn möglich bis zu den Hufen. Dicht am Pferd, damit Sie beim abwehrenden Ausschlagen nicht so leicht einen Tritt abbekommen, und mit Blickrichtung zur Kruppe, damit Sie einigermaßen sicher sind vor drohenden Hinterhufen, die sowohl nach vorne unter den Bauch als auch nach hinten ausschlagen können.

Wenn Sie dieses energische, selbstbewusste Putzen mit viel gutem Zureden und Leckereien einige Tage durchführen, wird die Beschäftigung an seinen Beinen allmählich zur Selbstverständlichkeit.

▸ Jetzt beginnt die nächste Stufe: Stellen Sie sich mit leicht gegrätschten Beinen, also sehr standfest, dicht neben die linke Pferdeschulter mit Blick zur Kruppe. Legen Sie Ihre linke Hand beruhigend auf den Widerrist. Streichen Sie nun mit der rechten Hand wie gewohnt am linken Vorderbein hinab, packen Sie mit beiden Händen den Fesselkopf von vorne und heben den Huf mit einem klaren „Gib Huuuf!" oder ähnlich langen, beruhigenden Silben zunächst nur ein wenig vom Boden ab. Gelingt es Ihnen nicht, das Bein auf diese Weise anzuheben, kneifen Sie mit den Nägeln von Daumen und Zeigefinger kräftig in die Rückseite des Vorderbeins, etwa auf halber Höhe zwischen Vorderfußwurzel und Fesselgelenk. Das bewirkt eigentlich immer ein Verlagern des Gewichts und Anheben des Fußes. Streichen Sie nun mit der Hand ein wenig am Huf herum und stellen Sie das Bein gleich wieder behutsam mit einem „Lass ab, sooo braaav!" zu Boden.

▸ Warnung:

Niemals plötzlich ein hochgehobenes Bein ohne Vorwarnung loslassen, weil dabei der Huf schmerzhaft auf den Boden aufprallen würde.

Üben Sie dieses zunächst nur geringe Aufheben und Absetzen mehrfach hintereinander an immer dem gleichen Huf. Heben Sie ihn in den nächsten Tagen stets etwas höher, bis Sie die zum Ausräumen und Berunden notwendige Höhe erreicht haben. Bei jedem Zurückziehen müssen Sie

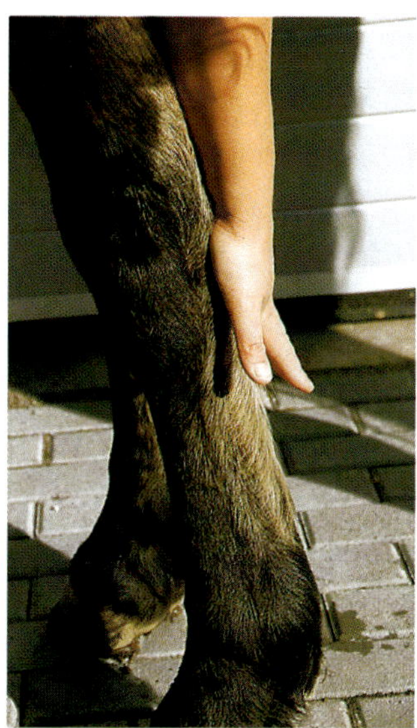

Wenn's doch nicht so einfach geht: Mit dem Handballen fest gegen das Vorderfußwurzelgelenk drücken, ...

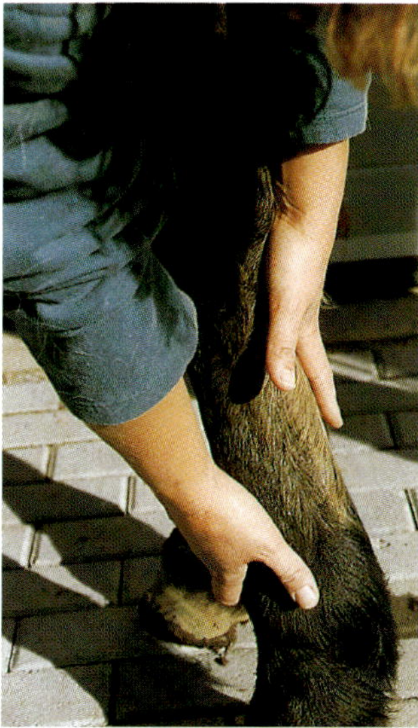

... das dann einknickt. Jetzt kann der Huf angehoben werden. Eine weitere fast unfehlbare Methode:

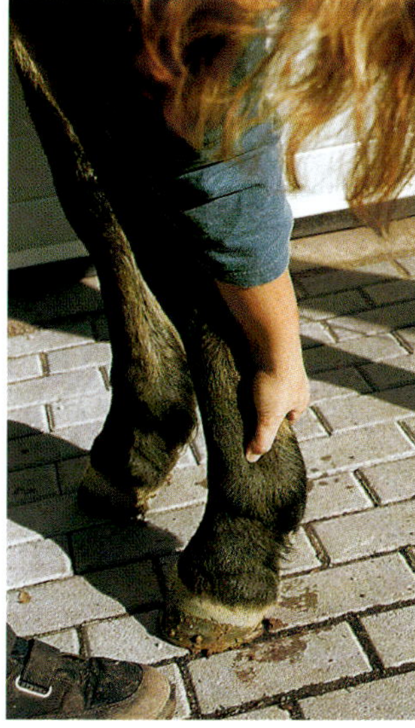

Die Fingernägel von Daumen und Zeigefinger oberhalb der Fessel kräftig in die Haut drücken.

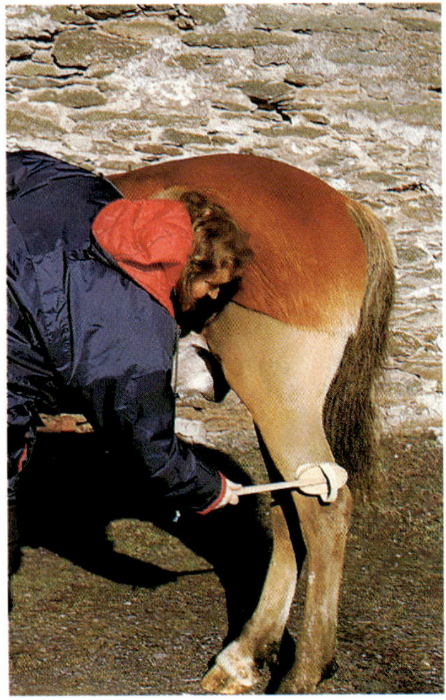

Nach dem vorsichtigen Abstreifen mit der Gerte werden die Hinterbeine im nächsten Schritt mit einer Stielbürste geputzt.

energisch und strafend „Nein!" sagen und immer wieder von vorne beginnen. So können Sie in wenigen Tagen zumindest einen Vorderhuf hochheben und säubern.

Auf die gleiche Art wird danach der rechte Vorderhuf geübt (von der anderen Pferdeseite aus).

Nun kommt der schwierigere Part: Mit den Hinterbeinen geht es leider meist nicht so einfach. Da Sie nicht wissen, wie heftig Ihr Little Lord auf das Anfassen der Hinterbeine reagiert, sollten Sie sich nur ganz behutsam in kleinen Etappen vorwagen.

▸ Stellen Sie sich mit Blick zum Pferdeschweif rechts neben die linken hinteren Pferderippen. Legen Sie Ihre Hand beruhigend auf den Pferderücken und streichen Sie mit einer langen Gerte ganz langsam, aber doch so fest, dass das Pferd diese nicht für eine Fliege hält, an den Hinterbeinen hinab. Weil Sie wegen der langen Gerte weit genug von den Hinterbeinen weg stehen, kann Ihnen auch ein heftig ausschlagendes Pferd nichts anhaben.

Bei einem Ausschlagen rufen Sie laut und drohend „Na!!! Lass das!", warten, bis das Pferd sich wieder beruhigt hat, und beginnen von vorne. Hören Sie damit erst auf, wenn Ihr Pferd sich nicht mehr gegen die Berührung mit der Gerte wehrt.

Üben Sie dieses eine Hinterbein über mehrere Tage immer und immer wieder, bis das Pferd die Berührung duldet.

▸ Als nächsten Schritt bürsten Sie das Hinterbein mit einer „Rückenbürste" (eine Bürste mit langem Stiel, mit der sich die Zweibeiner beim Duschen den Rücken waschen können). Mit dieser

Behutsam das Hinterbein anfassen ...

langstieligen Bürste sind Sie noch immer aus dem Gefahrenbereich der Hinterbeine. Und erst wenn Ihr Pferd das erträgt oder gar als angenehm empfindet, putzen Sie die Hinterbeine mit einer normalen Putzbürste bis zu den Hufen hinab.

Nach einigen Tagen hat sich das Pferd daran gewöhnt, dass auch seine Hinterbeine angefasst werden. Wenn dann noch reichlich Lob und Leckereien die Berührung am Bein „versüßen", können Sie vorsichtig die letzte Stufe in Angriff nehmen: das Aufheben des Hinterbeins.

- Stellen Sie sich jetzt mit leicht gegrätschten Beinen mit Blick zum Pferdeschweif direkt neben die Kruppe, streichen Sie mit der linken Hand am Hinterbein hinab, packen Sie behutsam den Huf mit beiden Händen und heben Sie ihn zunächst mit „Gib Huuuf!" nur wenige Zentimeter hoch. Setzen Sie den Huf bald wieder ab mit einem lobenden „Lass ab! Sooo braaav!" und den obligatorischen Leckereien.

... und hochheben.

Erst wenn Sie dieses Hinterbein problemlos hochheben können, wagen Sie sich an das zweite Hinterbein.

Tipp:

Üben Sie energisch und selbstsicher. Ihr Mut, Ihr sicheres Auftreten beeindrucken das Pferd und werden seinen Widerstand mindern.

Bald kommt der Zeitpunkt, wo ein hoffentlich geduldiger Schmied neue Eisen auflegen muss. Stellen Sie ein erfahrenes, befreundetes Pferd direkt neben ihn, damit er einigermaßen ruhig bleibt. Sorgen Sie für absolute Ruhe in der Umgebung und schicken Sie laute Zuschauer oder störende Besserwisser weg. Stellen Sie einen Eimer mit Leckereien abseits begehrlicher Pferdemäuler griffbereit hin – möglichst nicht in Ihre Tasche stecken, weil der Duft das Pferd verlockt, ständig an Ihnen herumzuschnuppern, was unnötige Unruhe bedeutet.

Als Aufhaltehilfe für Hinterbeine hat sich eine Art gepolsterte Schlinge bewährt; dann kann man sich bequem und aufrecht hinstellen, während der Schmied den Huf bearbeitet. In begrenztem Maße hilft diese Methode auch, ein zappelndes Hinterbein einigermaßen festzuhalten, was man mit den Händen alleine nicht oder deutlich schwerer könnte.

Bei unruhigen Pferden: Den Schweif um das Fesselgelenk eines Hinterbeins schlingen und festhalten ...

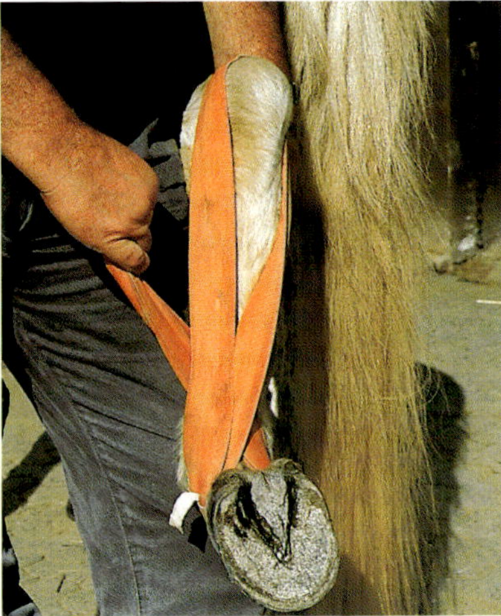

... oder eine gepolsterte Seilschlinge verwenden.

In ganz schwierigen Fällen gibt es auch eine Reihe von Zwangsmaßnahmen, die für Laien weniger geeignet, weil nicht ungefährlich sind und deshalb auch vom Schreibtisch aus nicht vorgestellt werden dürfen.

Sprechen Sie in diesem Fall mit Ihrem Schmied oder Tierarzt, die beide häufig mit diesem Problem konfrontiert werden.

Langhaare

▸ Dünnes Langhaar

FRAGE

Wenn ich die üppigen Mähnen- und Schweifhaare der Isländer in unserer Stallgemeinschaft sehe, könnte ich neidisch werden. Mein New Forest-Wallach Pedro hat nur wenige, dünne und kurze Mähnenhaare und einen ebenso spärlichen Schweif. Er sieht gar nicht nach Pony aus im Vergleich zu seinen Stallgefährten.

Gibt es Futtermittel, mit denen ich den Haarwuchs fördern kann? Oder kann der Tierarzt mit einer Behandlung besseren, reichlicheren Haarwuchs bewirken?

Sonst ist Pedro gesund und leistungsbereit und hat ein seidig glänzendes Fell.

ANTWORT

Das Wachstum des Deck- und Langhaares wird gesteuert vom Gesundheitszustand, der optimalen Versorgung des ganzen Organismus mit ausreichend Vitaminen, Mineralstoffen und Spurenelementen, von den äußeren Einflüssen der Jahreszeiten, dem Geschlecht und hauptsächlich der Veranlagung.

Das seidige Fell und die feinen, dünnen Mähnen- und Schweifhaare bei fast fehlendem Kötenhaar deuten auf südländische Pferde oder solche mit Arabereinschlag hin, während die nordischen Pferde durch üppiges Langhaar und raueres Fell auffallen. Die dünnen Langhaare Ihres New Forest-Ponys sind anlagebedingt und durch Fütterung kaum zu beeinflussen.

Brechen allerdings Langhaare ab oder fallen aus und zeigt auch das Fell

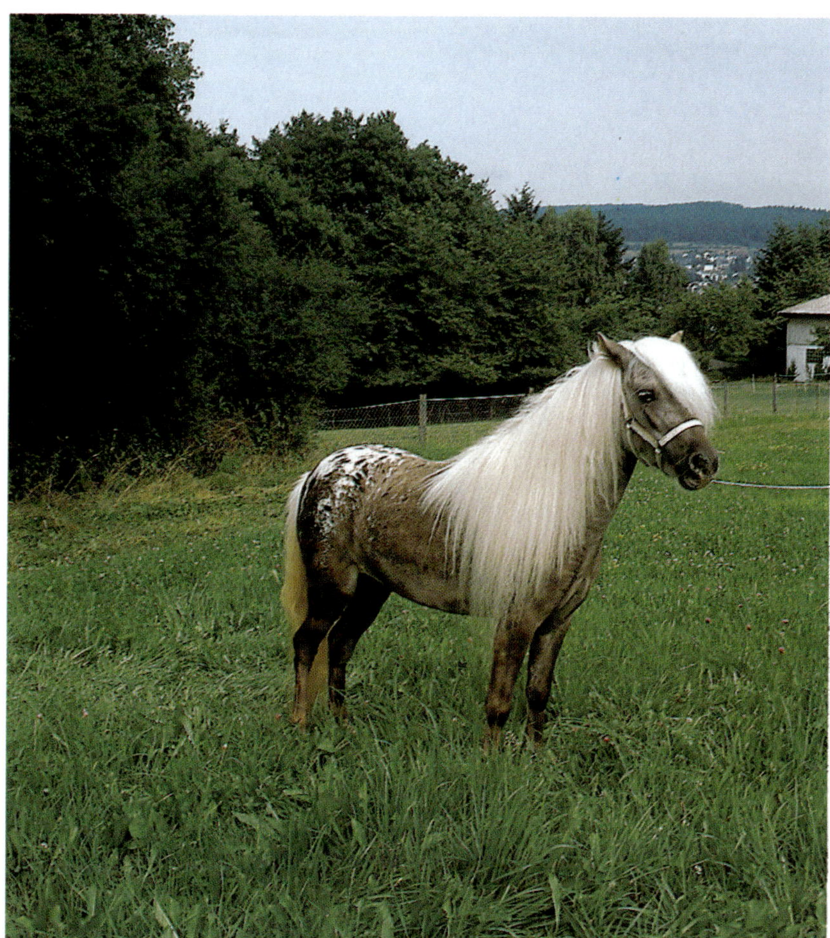

Üppiges Langhaar ist angeboren.

geschädigte Stellen, muss man nach der Ursache forschen. Denn all das deutet auf Krankheiten hin, die vom Tierarzt abzuklären sind.

▶ Angefressene Schweifhaare

Frage

Mein Schwarzwälder Fuchs hatte prächtiges Langhaar und einen weißen, wallenden Schweif. Hatte! Ich bin entsetzt über seinen Schweif, der jetzt völlig zerfetzt und zerfranst und um die Hälfte kürzer ist; aber auch an der Mähne fehlen viele Haare.

Er bewohnt zusammen mit Ziegenbock Bubi (kastriert) und einem Absatzfohlen als Gesellschafter einen geräumigen Offenstall, und alle drei vertragen sich sehr gut. Überall im Auslauf finde ich kleine Haarbüschel, die sich der Fuchs sicher nicht selbst ausgerissen haben kann, weil es wegen des mehrreihigen E-Zauns nicht

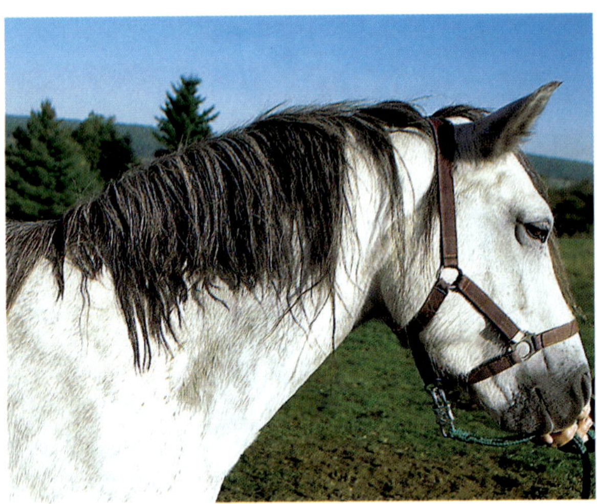

Tully More verlor ihre üppige Mähne durch ihr eigenes Fohlen.

möglich ist, irgendwo hängen zu bleiben. Kann es denn sein, dass die Ziege oder das Fohlen Schweifhaare abkauen? Oder wer sonst käme als Übeltäter in Frage? Vor allem jedoch: Wie kann ich es verhindern, dass auch noch die letzten Langhaare verschwinden?

Antwort

Es ist im Allgemeinen bekannt, dass Ziegen gerne an den Langhaaren der Pferde knabbern, nicht nur im Offenstall, sondern auch auf der Weide. Ob aus Langeweile oder Spieltrieb, hat bisher noch niemand genau erforscht. Aber auch Fohlen knabbern gerne an Schweifhaaren, seltener an der Mähne, und zwar nicht nur bei den Müttern, sondern bei jedem Pferd, das es sich gefallen lässt.

Nach dem Wälzen ist das Fell des Schimmels sandfarben, aber nach dem Trocknen leicht wieder zu säubern.

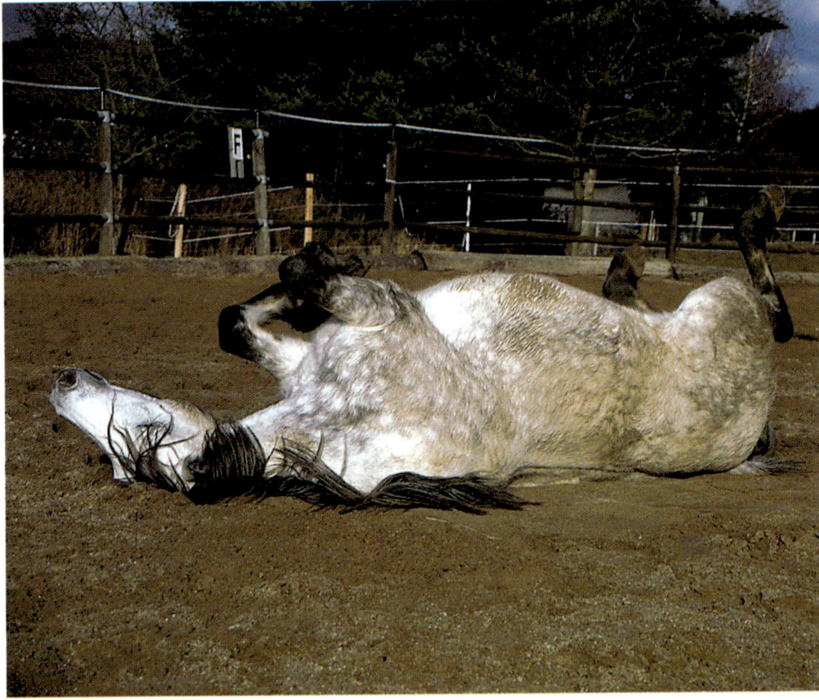

Wenn bei den Übeltätern kein Mangel an Mineralien, Vitaminen und Salz vorliegt, wird die Knabberei auch durch eine Futteränderung oder -ergänzung kaum abzustellen sein. Kann eine Verwurmung ausgeschlossen werden und haben die Tiere jederzeit Knabberäste zur freien Verfügung, um sich im Zahnwechsel Erleichterung zu verschaffen, dann wird man die Ursache sicher so schnell nicht herausfinden.

Wenn Sie die Tiere nicht trennen können oder wollen, sollten Sie versuchen, die Langhaare mit übelriechenden und bitteren Essenzen einzureiben, damit den beiden der Appetit vergeht.

Im Handel gibt es Lotionen zum Einreiben oder Einsprühen, die allerdings mehrmals in der Woche verwendet werden müssen, damit die Wirkung erhalten bleibt. Wir persönlich haben gute Erfahrungen mit Huffett gemacht, das wir dreimal in der Woche mit einem Pinsel auf die Langhaare auftrugen. Leider sehen die Langhaare der Schimmel dann verklebt und erdiggrün verfärbt aus, weil Staub und Schmutz am Huffett hängen bleiben.

Schimmel – trotzdem sauber?

FRAGE

Mein bildschöner Marbacher Schimmel ähnelt morgens, wenn ich in den Stall komme, mehr einem Schwein als einem Pferd. Gegen die Mistflecken hilft kein Putzen, so sehr ich mir auch Mühe gebe.

Vor Turnieren wasche ich ihn (wobei der Gelbschimmer an manchen Hautstellen einfach nicht wegzuwaschen ist) und decke ihn für die Nacht ein. Sobald er aber nach dem Turnier auf die Weide kommt, sucht er sich ein Erdloch aus und wälzt sich ohne Ende, bis er jedes weiße Fleckchen sorgfältig mit Erde überdeckt hat. Irgendwie möchte ich doch wenigstens bei Turnieren einen wirklich sauber glänzenden Schimmel vorweisen können, einen mit Ausstrahlung, wie man ihn in Werbeprospekten immer wieder bewundern kann.

Ganz offensichtlich gibt es also „weiße Schimmel"! Wissen Sie ein Patentrezept?

ANTWORT

Die Schmutzanfälligkeit eines Pferdefells ist der Hauptgrund, weshalb in der Warmblut- und Vollblutzucht eindeutig Braune, Füchse und Rappen bevorzugt werden, obwohl Schimmel oft mehr Ausstrahlung haben und attraktiver aussehen. Auch Kaltblüter sind nur in Ausnahmefällen Schimmel.

Dieser Trend setzt sich inzwischen auch in der Ponyzucht fort. Beim dunklen Pferd sieht man weniger Schmutz und Kot- oder Urinflecken als beim Schimmel, was aber nichts über echte Sauberkeit aussagt.

- Sorgen Sie dafür, dass Ihr Schimmel eine möglichst große Box beziehen kann. So ist die Wahrscheinlichkeit geringer, dass er im eigenen Kot liegt. Bei ausreichend Platz legen sich viele Pferde von selbst eine Mistecke an, was in einer kleinen Box kaum möglich ist.
- Sägemehleinstreu hilft mit, Schimmel sauberer zu halten; denn im Sägemehl kann man Pferdeäpfel sehr gründlich aufsammeln, was im Stroh viel aufwändiger ist.

Verwenden Sie möglichst nur Sägemehl von Fichten oder Kiefern. Das von Buchen ist sehr feinstaubig und damit ungesund für die Atemwege, und das von Eichen – ebenfalls feinstaubig – kann einen verschwitzten Schimmel bonbonrosa färben (im eigenen Stall erlebt).

- Meist bleiben Schimmel im Offenstall mit Sandauslauf am saubersten. Dann können sie sich weitab von den Kotstellen hinlegen. Natürlich wälzen sich Offenstallpferde gerne im Paddocksand, aber der Sand verfärbt das Fell nicht, trocknet schnell und ist einfach auszubürsten.
- Ist der Paddock am Offenstall aus Erde und bei Regenwetter schlammig, hindert das die Pferde keinesfalls am Wälzen, und sie sehen danach verboten aus. Aber dieser Matsch (ohne Mistbeimischung) lässt sich, sobald das Pferd getrocknet ist, relativ leicht aus den Haaren bürsten, vorausgesetzt, die Pferdeäpfel werden mindestens zwei Mal täglich sehr sorgfältig abgesammelt.
- Manche Schimmelbesitzer lassen ihre Pferde Tag und Nacht, Sommer wie Winter, eingedeckt. Dann wird beim Hinlegen und Wälzen zwar die Decke schmutzig, das Pferd aber bleibt sauber bis auf die Beine, die man vor Turnieren auch bei kaltem Wetter abwaschen kann. Diese Dauerdecke halte ich allerdings für ungesund, weil die Haut nicht mehr der natürlichen Witterung ausgesetzt ist und das Pferd verweichlicht. Aber wenn Sie in der Nacht vor einem Turnier über das gründlich gesäuberte Pferd eine passende Decke legen und diese dann so sorgfältig befestigen, dass es sich damit hinlegen kann, so ist es am Turniertag sauber.
- Mistflecken lassen sich mit einem normalen Shampoo gut abwaschen. Feuchten Sie mit lauwarmem Wasser die Schmutzstellen an und reiben Sie Shampoo ein, dann können Sie die meisten Flecken, auch die besonders hartnäckigen Kot- und Urinflecken, entfernen.
- Viele Schimmelbesitzer schwören auf das Einreiben und Ausbürsten der Miststellen mit Holzkohle,
- andere empfehlen Spiritus statt Shampoo.
- Der Handel hat inzwischen eine Lotion auf den Markt gebracht, das als Schimmelspray angeboten wird und im Handumdrehen auch ein Aschenputtel wieder zum Strahlen bringt.

Schimmel werden gerne als Schmutzfinken abgestempelt. Aber genau genommen sind Braune, Füchse, Rappen und Dunkelfalben bei gleicher Haltung genauso schmutzig. Bloß sieht man im dunklen Fell die Schmutzstellen nicht so deutlich, und auch Kot- und Urinflecken sind kaum zu erkennen. Deshalb müssen Schimmelbesitzer für ein besonders sauberes Umfeld sorgen, weshalb Schimmel meist die gepflegtesten Pferde überhaupt sind.

Im Winter

Im Winter

Während der Winter häufig für Boxenpferde keine große Veränderung bringt, vor allem wenn eine Halle in der Nähe steht, tauchen bei Freiland- und Offenstallhaltung viele Fragen auf, zu deren Beantwortung man im Freundeskreis und in Fachzeitschriften nach Erfahrungen anderer Besitzer von naturnah gehaltenen Pferden sucht. Inzwischen haben auch Bastler und Firmen den ständig wachsenden Bedarf an Artikeln speziell für Offenstallpferde entdeckt, was wirklich eine große Arbeitserleichterung bedeutet.

Besonderheiten beim Winterfell

▸ Spärliches Winterfell

Frage

Seit Jahren schon halten wir in unserem Offenstall Fjordpferde und Shettys, die auch den kältesten Winter bisher ohne Krankheiten überstanden. Im letzten Sommer stellten wir zwei Connemaras dazu, um die wir uns jetzt große Sorgen machen wegen ihres spärlichen Winterfells. Kann man das Wachstum des Winterhaares beeinflussen? Oder müssen wir für die Connemaras extra Boxen bauen?

Antwort

Fjordpferde, Isländer und vor allem Shetlandponys bilden zum Winter hin ein uriges Winterfell aus, das lang und dicht ist und die Burschen wie Teddybären aussehen lässt. Diese Ponyrassen stammen aus dem kalten Norden und sind an plötzliche und sehr krasse Wetterumschwünge und Temperaturstürze angepasst; deshalb bekommen sie ein so dickes Winterfell, das für unsere Breitengrade oft gar nicht nötig wäre.

Allerdings ist die Felljacke im Winter auch innerhalb einer Rasse verschieden. Bekommen die einen ein sehr spärliches Winterfell, können andere, ohne deswegen krank zu sein, ein fast doppelt so langes raues Winterfell ausbilden.

Bei einem gut ausgebildeten Winterfell schmilzt der Schnee nicht gleich wieder weg.

Alte und auch kranke Pferde aller Rassen bilden meist ein deutlich üppigeres Winterfell als ihre jüngeren, gesunden Artgenossen, beginnen früher mit dem Fellwechsel zum Winter hin und werfen das Winterfell wesentlich später ab.

Connemaras kommen aus Irland, wo wegen des Golfstromeinflusses auch im Winterhalbjahr ein wesentlich milderes Klima herrscht als etwa in der Heimat der Isländer. Deshalb ist ihr Winterfell (bis auf wenige Ausnahmen) weniger ausgeprägt als das der nordischen Ponys.

Bieten Sie Ihren Ponys einen dreiseitig geschlossenen, zugluftfreien Offenstall in windgeschützter Lage an, den sie nach Belieben aufsuchen können, dann werden auch Pferde mit spärlichem Winterfell das gesunde Leben draußen genießen.

Nicht nur die Länge des Felles, sondern auch die Dichte, das Wasser abweisende Fettpuder (siehe Seite 47) und der im Herbst angefressene Winterspeck ermöglichen unseren Pferden ein gesundes Leben im Offenstall auch bei großen Temperaturschwankungen und strenger Kälte.

Achten Sie darauf, dass alle Pferde vor dem Einzug ins Winterquartier, den Offenstall, sorgfältig entwurmt sind. Überzeugen Sie sich, dass die Tiere den Stall nach Belieben aufsuchen können, dass nicht etwa ein ranghöheres Pony frech den Eingang versperren kann (eventuell den Stall ein wenig umbauen, so dass zwei Eingänge möglich sind).

Das Fellwachstum selbst können Sie mit keiner Fütterung anregen, wohl aber durch reichliche Gabe von Raufutter (deutlich höherer Bedarf als bei Stallhaltung), Mineral-Vitaminmischungen und einige wenige Esslöffel Leinöl im täglichen Futter für einen ausgezeichneten Gesundheitszustand des Pferdes sorgen und Glanz ins Fell zaubern.

Merke:

Ein glänzendes Fell ist meist ein Spiegel für Gesundheit und Vitalität.

Fellpflege bei Offenstallpferden

Frage

Sechs Groß- und Kleinpferde leben gemeinsam im Offenstall; alle sind gesund und munter, nur oft leider sehr verdreckt, wenn sie sich genüsslich im vermatschten Auslauf gewälzt haben.

Wir Reiter streiten uns nun um das Säubern vor dem Reiten:

- *Groben Schmutz abputzen?*
- *Schmutzstellen waschen?*
- *Mit dem Pferdestaubsauger reinigen?*
- *Verkrusteten Kötenbehang abschneiden?*
- *Teilweise scheren?*

Wir sind total zerstritten und unsicher, ob und in welchem Ausmaß man Offenstallpferde überhaupt sauber halten und pflegen soll.

Antwort

An robust gehaltenen Pferden soll man im Winterhalbjahr möglichst nur den oberflächlichen Schmutz aus- bzw. abbürsten. Lediglich die Sattel- und Gurtlage (bei Fahrpferden überall, wo das Geschirr aufliegt) soll gründlich gereinigt werden, damit keine Druckstellen entstehen.

Das Wasser wird mit einem Schweißmesser aus dem Fell abgezogen ...

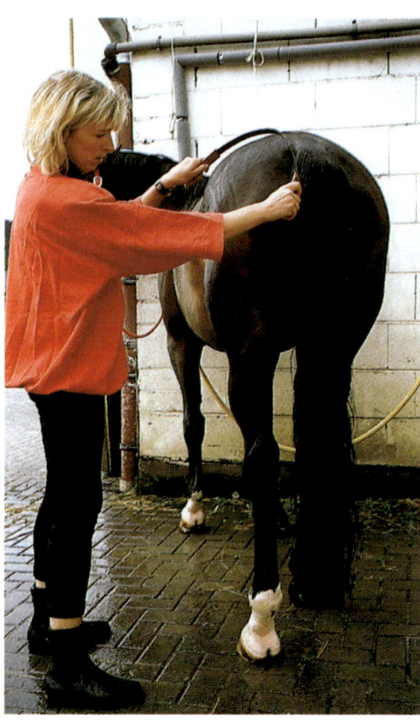

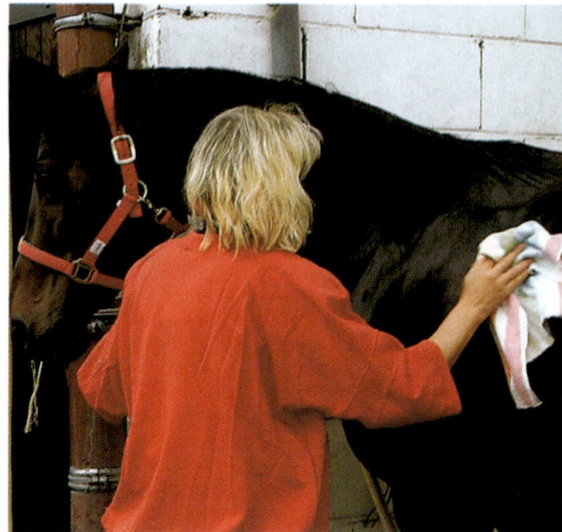

... und das Fell anschließend mit einem Handtuch abfrottiert.

- Offenstallpferde darf man im Winterhalbjahr keinesfalls waschen, weil man dabei die Fettpuderschicht auswaschen würde und das Fell danach kein Wasser mehr ableiten, sondern sich damit vollsaugen würde. Außerdem unterkühlt sich das Pferd während der Zeit des Trocknens, selbst wenn es vorübergehend eingesperrt würde. Denn die Nässe beim Waschen dringt bis auf die Haut – Regenwasser aber rinnt über das nur oberflächlich nasse Fell ab.
- Ein Pferdestaubsauger ist für Offenstallpferde ungeeignet, weil die rotierende Bürste sehr gründlich reinigt und bei gleichzeitigem Absaugen das Fettpuder aus dem Fell herausholen würde.
- Eine Schur oder Teilschur kommt ebenso wenig in Frage; denn robust gehaltene Pferde haben zum Winter hin genau das Fell gebildet, das sie zum Überleben in Kälte, Wind und Nässe brauchen.
- Der Kötenbehang darf nicht beschnitten werden, weil er bei hart gefrorenem oder auch matschigem Boden die empfindliche Fesselbeuge schützt.
- Auch an der Schweifrübe darf man keine Haare abschneiden, weil die Pferde damit ihre empfindlichen Weichteile um den After vor Kälte und Nässe schützen.

Nur einen überlangen Schweif soll man so weit kürzen, dass die Pferde sich nicht gegenseitig darauf treten. Ansonsten bleiben alle Langhaare, auch die pelzigen Haare in den Ohren (Wind-, Wärme- und Mückenschutz) oder die Tasthaare ums Maul bei Offenstallpferden unberührt.

Lediglich der große Schmutz darf ausgebürstet werden, ohne dabei in die tieferen Fellschichten vorzudringen.

▶ Fellwechsel

Frage

Wir haben eine kunterbunte Ponyherde, die schon viele Jahre im Offenstall bestens überstanden hat. Zwei der Ponys machen uns jetzt Sorgen, weil sie bereits im August letzten Jahres mit dem Winterfell anfingen und jetzt im Juni noch immer Reste des Winterfells am Körper haben, während die anderen bei gleicher Fütterung und sogar mehr Arbeit erst im Oktober ein raues Fell bekamen und im Mai bereits blank waren.

Diese zwei, ein Fjordpferd und ein Haflinger, unsere einzigen Wallache, sind beide etwa 18 Jahre alt. Alle anderen Ponys sind deutlich jünger, und alle werden geritten und gefahren. Außerdem sind die beiden langsamer und fauler geworden, ohne dass der Tierarzt eine Krankheit feststellen konnte. Sie stehen bei Nässe und Kälte nur draußen, suchen aber beim kleinsten Sonnenschein die Hütte auf – ganz im Gegensatz zu den anderen.

Da diese zwei der Herdenchef und sein Stellvertreter sind, könnten sie gewiss jederzeit die Hütte aufsuchen, auch wenn alle anderen bereits drin sind.

Antwort

Der Fellwechsel bei den Säugetieren wird wie die Mauser bei den Vögeln oder das Abwerfen des Laubes bei unseren Bäumen von der Natur gesteuert: Temperatur und Wetterlage sowie Dauer und Intensität des Tageslichts bestimmen hauptsächlich den Fellwechsel (bzw. Feder- und Laubabwurf). Individuelle Unterschiede finden sich darüber hinaus in der Erbmasse, in der rassetypischen Veranlagung, den Hormonen, der Gesundheit und natürlich auch im Alter begründet. Ganz junge und ganz alte Pferde haben immer mehr Winterfell, bekommen es früher und werfen es später wieder ab als Pferde in den besten Jahren – das ist eine Schutzfunktion, eine Sicherheitsmaßnahme des Körpers.

Auch Hormone bestimmen unter anderem den Fellwechsel. Stuten und Hengste haben den im Erbgefüge vorgesehenen Hormonspiegel, während bei Wallachen durch die Kastration in der Jugend mit zunehmendem Alter deutlich früher Störungen auftreten als bei anderen alten Pferden: Verfettung ist zum Beispiel ein äußerlich sichtbares Zeichen, ebenso überlanges Winterfell und gestörter Fellwechsel.

Pferde mit stark ausgeprägtem Winterfell suchen die Kälte draußen und meiden die Wärme der Sonne, weil sie sonst stark schwitzen. Trägheit und Unlust sind Folgen des Übergewichts und natürlich auch der Stoffwechselstörungen durch das extreme Winterfell, das sie bei kleinster Anstrengung bereits schwitzen lässt und Herz und Kreislauf sehr belastet.

Auch wenn der Tierarzt vom Augenschein her zunächst keine Krankheit feststellen kann, sollte er sicherheitshalber Kotproben untersuchen sowie Blut und Urin, um eine innere Krankheit beizeiten erkennen und wenn möglich behandeln zu können. Eine Verwurmung ist nicht auszuschließen, auch wenn die beiden Pelztiere dick und rund aussehen, ebenso eine Mangelernährung bei Zahnproblemen, unter denen häufig schon jüngere Pferde leiden.

Viele Pferdebesitzer schwören auf Futterzusätze wie Mash, Leinsamen, Leinöl, Lebertran, Obstessig und diverse Kräuter für das allgemeine

Wohlbefinden, vor allem aber für ein gesundes, glänzendes Fell und einen leichteren Fellwechsel.

Sie können zusätzlich zum Wohlbefinden der beiden beitragen, indem Sie die Futterration drastisch kürzen. Schon alleine dadurch werden sie lebhafter, beweglicher und verjüngt.

Hustenpferde im Offenstall

Frage

Meine zwei Warmblutpferde Abendfee und Larissa hatten im Sommer eine schwere Bronchitis. Beide sind noch immer nicht restlos gesund, und der Tierarzt spricht bereits von einem chronischen Zustand. Er will die Stuten im Winter als Erholungsurlaub ohne jede Arbeit im Offenstall untergebracht wissen, während

Auch Lusitanos und Araber fühlen sich im Offenstall zu jeder Jahreszeit wohl.

sein Kollege, den wir sicherheitshalber auch noch fragten, ganz entsetzt den Offenstall ablehnt, weil er meint, die beiden würden sich dort erkälten und damit die Krankheit verschlimmern.

Unser Nachbar hat einen Offenstall mit Fjordpferden. Alle Pferde sind miteinander befreundet, weil sie seit Jahren auf der Sommerweide zusammenleben. Aber können wir es riskieren, die empfindlichen, gesundheitlich vorbelasteten Warmblüter mit den robusten Fjordpferden zusammen im Offenstall zu halten? Oder sollen Abendfee und Larissa wie bisher im Winterhalbjahr wieder ihre großen, warmen Boxen beziehen?

Antwort

Da ich keine Tierärztin bin, kann ich hier nur aus der Sicht des Praktikers, aus Erfahrung mit unseren und den vielen Pferden von Freunden Ratschläge geben.

Vor Jahren durchlitten wir selbst eine ganz schreckliche Hustenepidemie (mitgebracht von der Equitana, wo immer wieder Hunderte von Pferden aus vielen Ställen unter extremem Stress stehen), die sehr hartnäckig verlief, die aber alle Pferde ohne Folgeschäden überstanden. Seit dieser Zeit sammle ich Unterlagen und Artikel mit Fallbeispielen von Tierärzten und Pferdebesitzern und staune, wie unterschiedlich die Auffassungen zu diesem heiklen Thema sind.

- Die einen sprechen von Erkältung, während andere behaupten, Pferde könnten sich überhaupt nicht erkälten.
- Dritte wiederum erklären Zugluft für gefährlich, wieder andere sind felsenfest davon überzeugt, ohne einen leicht zugigen Luftaustausch wäre die Stallluft schädlich.

Eine Box mit Blick nach draußen gefällt jedem Pferd.

• Viele schwören auf alte „Hausmittel" beim hustenden Pferd, manche Kollegen pumpen es mit Chemie voll.

Diese so konträren Aussagen und Empfehlungen verunsichern natürlich auch die Pferdebesitzer. Während viele der Meinung sind, Pferde seien doch Naturkinder und könnten bei jeder Witterung draußen leben, solange auch nur ein Hälmchen Gras auf der Weide steht, stellen andere überängstlich ihre Lieblinge bei jedem Lüftchen gleich in den wohl temperierten Stall.

Ich glaube, dass wie so oft auch hier der goldene Mittelweg der richtige ist. Und genau den kann man nicht detailliert beschreiben, sondern muss ihn durch sorgfältiges Beobachten herausfinden.

Frische Luft ist ein ganz wesentlicher Faktor zur Erhaltung der Gesundheit, vor allem jedoch bei Problemen mit den Atemwegen.Vielen Pferden half schon die Umstellung in eine Außenbox oder einen Offenstall, nach einer Bronchitis wieder zu genesen.

Auch Ihren Stuten wird die Haltung im Offenstall gut tun, wenn er mit einfachen Mitteln jederzeit in eine Box umfunktioniert werden kann. Denn gerade Stallpferde, die eine Weidehütte oder einen Offenstall nicht von Jugend auf kennen, meiden sogar bei schlechtestem Wetter den schützenden Unterstand, vielleicht weil sie Angst haben, wieder dauerhaft eingesperrt zu werden.

Wenn Ihre Stuten mit Fjordpferden zusammenstehen, kann es problematisch werden:

Da die Fjordpferde den Offenstall samt Auslauf schon kennen, werden sie sich als Chefs aufführen. Und wenn der Herdenchef bei Wind und Wetter draußen steht, werden auch die rangniederen Warmblüter kaum in den Offenstall gehen, obwohl sie wegen der Bronchitis empfindlicher sind als die robusten Pelztiere aus dem hohen Norden.

Ebenso gefährlich wird es, wenn die Fjordpferde direkt im Stalleingang

Die durchsichtigen Plastikstreifen bieten Schutz vor Wind und lästigen Insekten.

stehen und die Warmblüter weder hinein- noch herauslassen. Der zweite Stalleingang kann eine Lösung sein; aber Sie können nicht sicher sein, ob nicht beide Fjordpferde gerne in beiden Eingängen stehen.

Wenn irgend möglich, sollten Sie direkt an den vorhandenen Offenstall einen weiteren anbauen mit der Möglichkeit, auch mal die Pferde einsperren zu können, und mit einem eigenen Paddock. Dann können die Pferde sich gegenseitig sehen, ohne sich zu behindern.

Da Ihre Stuten soeben eine schwere Infektion der Atemwege überstanden haben, rate ich zu größter Vorsicht. Eine Offenstallhaltung ist für Hustenpferde nur unter bestimmten Bedingungen geradezu ideal.

- Bei sehr schlechtem Wetter, starkem Wind und Dauerregen sollten Sie Ihre Pferde im Offenstall einsperren, dabei aber nicht den Stall komplett verschließen, sondern einfache Stangen vorschieben oder eine untere Türhälfte schließen, so dass ständig frische, auch kalte Luft einströmen kann.
- Bei anderen Wetterlagen, auch bei trockenem Frost oder Nachtkälte, dürfen die beiden ihre Box als Offenstall benutzen, also nach Belieben ein- und ausgehen. Ihre Pferde bekommen bei kühlem Wetter schnell ein schützendes, wärmendes Winterfell, das auch Regenwasser gut ableitet.

Durch sorgfältiges Beobachten werden Sie schnell herausfinden, welche Wetterlagen den Offenstall erlauben und welche die Box erfordern.

Arbeit im Winter

Frage

Meine kleine Herde mit Fjordpferden, Connemaras und Warmblütern lebt im Sommer auf einer Weide mit Schutzhütte. Die Ponys beziehen im Winter einen Offenstall mit Auslauf neben der Scheune, die Warmblüter leben in geräumigen Außenboxen, in denen sie auch ein dichtes Winterfell bekommen.

Nun tauchen in jedem Winter die gleichen Fragen auf: Können wir unsere „Teddybären" im Winter überhaupt reiten? Oder hat die Natur für sie eine Art Winterschlaf vorgesehen?

Wie muss man die Pferde nach jedem Ritt in der Kälte warten? Das immer empfohlene Trockenreiten ist unmöglich, denn die Tiere kommen schon bei Schrittausflügen ins Schwitzen.

Antwort

In unserem Breitengraden ist die Pflanzen- und Tierwelt nach der sommerlichen Wachstumsperiode auf Winterruhe programmiert. Das gilt auch für unsere Pferde, vor allem für die im Offenstall gehaltenen „Pelztiere".

Gönnen Sie diesen Naturburschen ihre Winterruhe.

Im Frühherbst wächst ihnen ein mehrschichtiges, langes Winterfell, das sie bei Wärme dicht an den Körper anlegen und bei Kälte aufrichten können, um so den Wärmehaushalt zu regulieren.

Alle Pferde, selbst lebhafte Fohlen, werden mit kürzerem Tageslicht ruhiger und träger. Das angefressene Übergewicht und die wärmespendende Fettschicht machen selbst lebhafte Pferde bedächtig. Diese naturgegebene „Winterruhe" unterbricht der Reiter oder Fahrer, weil er auch im Winter seine Freizeit mit den geliebten Vierbeinern teilen will.

Werden Pferde ganzjährig wie Wildpferde draußen gehalten auf sehr großem Gelände mit Hecken und Büschen als einzigem Wetterschutz und verzehren sie überwiegend Altgras (geringe Heuzufütterung), dann sollte man diesen dickpelzigen Naturburschen auf jeden Fall absolute Winterruhe gönnen.

Stallpferden dagegen würde man bitter Unrecht tun (Tierquälerei), sie im Winterhalbjahr einfach in der Box stehen zu lassen! Diese Eingesperrten brauchen auch bei großer Kälte Bewegung an der frischen Luft, in der Wintersonne und auch bei Regen und Schneegestöber. Da für die wenigsten Boxenpferde eine Auslaufmöglichkeit oder eine Halle vorhanden ist, müssen sie anderweitig regelmäßig bewegt werden:

- freilaufend:

nur auf weichem Boden (eventuell

Genuss im Winterhalbjahr: freudige Bocksprünge auf dem weichen Reitplatzboden

Schnee), Paddock, Longierzirkel, Koppel;

- an der Longe:

eisfreie Fläche suchen, nur auf weichem Boden, nur am Stallhalfter; denn jeder Buckler, jedes Austoben würde bei einem Gebiss einen Ruck im empfindlichen Maul bedeuten;

- als Handpferd,
- unter dem Reiter und
- vor der Kutsche oder dem Schlitten:

vorher abreagieren lassen, weil sonst übermütige Bocksprünge und damit Unfälle zu befürchten sind. Nach Möglichkeit kein Galopp auf gefrorenem, schneelosem Boden.

Das sind gute Möglichkeiten, auch Boxenpferde an die gesunde Winterluft zu schicken, wenn kein Weidegang zum Austoben möglich ist.

Tipp:

Ist alles tief gefroren und ohne dämpfenden Schnee (Kahlfrost), dann streuen Sie auf eine eingezäunte Koppelecke dick Pferdemist – dort können die Pferde auf weichem Untergrund und rutschfest herumtoben.

Je kälter die Temperatur, je beißender die Luft,

- umso langsamer soll die geforderte Gangart sein; denn die eingeatmete Luft muss in der Nase erst erwärmt werden, bevor sie in die Lunge kommt;
- umso länger dauert die Aufwärmphase, bevor Arbeit verlangt werden kann;
- und umso länger ist die Beruhigungsphase nach der Arbeit.

Nach der Arbeit werden die Pferde so lange im gemütlichen Bummelschritt bewegt, bis sich die Atmung beruhigt hat und das Fell nicht mehr allzu nass ist. Dann kommen sie in eine zugluftfreie Box, werden mit einem Tuch oder Heuwisch abgerieben und mit einer saugfähigen Decke geschützt, die nach dem Abschwitzen durch eine andere (natürlich trockene) Decke ersetzt wird.

Durch die Stallhaltung sind diese Pferde deutlich kurzhaariger als die Robusten im Offenstall und trocknen nach der Arbeit schneller.

Ganz andere Probleme erwarten den Reiter oder Fahrer der Offenstallpferde. Diese robust gehaltenen Vierbeiner haben außer der im Herbst angefütterten Speckschicht ein mehr oder weniger dichtes Winterfell. Schon bei fleißigem Schritt schwitzen diese Pferde schnell und kommen viel eher als im Sommer „außer Puste“. Nach Trab- und Galoppstrecken, die man ihnen auch im Winter nicht verbieten sollte, sind sie schnell total nass geschwitzt.

Ein Trockenreiten ist bei dickem Winterfell unmöglich. Aber beim Heimritt im langsamen Schritt am möglichst langen Zügel beruhigt sich die Atmung schnell, obwohl das Fell noch immer nass ist.

Achtung:

Es ist unverantwortlich, nass geschwitzte Pferde auf die Winterweide zu entlassen. Frost, Wind und die einsetzende Nachtkälte entziehen den Vierbeinern so viel Wärme, dass sie krank werden!

Das total verschwitzte Pferd wird mit Sägemehl abgerieben.

Darüber kommt eine Lage Stroh als Luftpolster.

Wenn Pferde nach einem Ritt anschließend auf die Weide oder den Auslauf entlassen werden sollen, darf man an sehr kalten, windigen Wintertagen nur um die Mittagszeit reiten, damit das Fell in der relativ warmen Mittagssonne noch trocknen kann.

Auf keinen Fall darf das nassgeschwitzte Pferd im Wind stehen, weil der Reiter Bekannte getroffen hat und ein Schwätzchen hält. Es darf auch am Ende der Arbeit nicht draußen abgesattelt und gewartet werden, weil der feuchte Körper sehr schnell auskühlt.

Es soll zu Hause also sofort in den zugluftfreien, windgeschützten Offenstall und dort versorgt werden:

- Bei geringer Kälte genügt beim atemruhigen Pferd das Unterstellen im Offenstall. Es kann windgeschützt unter Dach fressen, sich nach Belieben wälzen oder vor sich hin dösen, bis das Fell trocken ist und sich die schützenden Haare wieder aufrichten.
- Bei großer Kälte muss man das nasse Fell mit Tüchern oder einem Heuwisch trocken reiben, oder
- auf dem Pferderücken Stroh oder Sägemehl ausbreiten und eine leichte Decke auflegen, damit der Schweiß ausdünsten kann. Es darf unter der Decke zu keinem Wärmestau kommen, weil das Pferd dann erneut schwitzen würde (im Winter besonders gefürchtetes Nachschwitzen). Nach einer halben Stunde, während man die Hufe nachsieht, Heu im Offenstall auffüllt und das Sattelzeug aufräumt, wird diese Decke weggenommen. Ist das

Abgedeckt wird das Ganze mit einem doppelt zusammengelegten alten Flanellbetttuch (ohne Befestigung).

Pferd immer noch feucht und haben Sie absolut keine Zeit mehr zu bleiben, dann legen Sie ihm ein altes Flanellbetttuch lose auf den Rücken und lassen es alleine. Nach einiger Zeit wird das Pferd diese dann feuchte Ersatzdecke abschütteln. Wird das Ex-Betttuch dabei schmutzig, ist es dank Waschmaschine und Trockner schnell wieder einsatzbereit.

Manche Pferdebesitzer argumentieren, dass ein Pferd doch vom Instinkt her weiß, dass es nicht nass geschwitzt in zugiger Luft draußen stehen darf. Aber ein richtiges Wildpferd bewegt sich bei Kälte so wenig und ruhig wie möglich, um ein Schwitzen zu vermeiden und keine unnötigen Kalorien zu verbrauchen – es sei denn, die Wintersonne würde es zu einem (nur kurzen) übermütigen Galopp verführen.

Da alle Pferde, auch die seit Jahrtausenden domestizierten, noch immer vom Wesen her Fluchttiere sind, wählen sie den Aufenthalt im Freien, wo sie vermutete Feinde rechtzeitig erspähen können. Sie würden sich also nicht, bloß weil sie wegen eines Ausrittes nass geschwitzt sind, in eine die Sicht versperrende Hütte begeben, vor allem im Winter, wo beispielsweise Nordlandpferde Angst vor Wölfen und Bären haben.

Wir fordern von unseren Robusten Dinge, die die Natur nicht „eingeplant“ hat, nämlich einen Reiter zu tragen, Schlitten, Wagen oder den Pflug zu ziehen und Holz zu schleppen. Also müssen wir – als Ausgleich sozusagen – auch für die entsprechende Wartung sorgen.

Das tun wir eigentlich schon durch das regelmäßige Füttern mit gutem Heu, Silage, Mineralfutter (und je nach Arbeit auch Kraftfutter), Leckstein und Wasser, damit wir wieder zuführen, was wir durch Arbeit abverlangen.

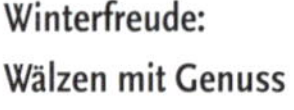

Winterfreude: Wälzen mit Genuss

Fast alle Pferde lieben die Putzbürste, die massierend über das Fell streicht. Im Winterhalbjahr soll damit nur der grobe Schmutz aus dem Winterfell gebürstet werden; denn verklebte Haare können – wie zur Wärmeregulierung nötig – nicht mehr aufgestellt werden.

Gründliches Putzen, Waschen und der Pferdestaubsauger sind tabu, weil damit dem Fell das natürliche Fettpuder entzogen würde. Als Fettpuder bezeichnet man die weißen, pudrigen Partikel im Pferdefell, die verhindern, dass der Regen bis auf die Haut durchdringt, und die deshalb vor allem im Winterhalbjahr bei robust gehaltenen Pferden lebensnotwendig sind.

Natürlich können Sie Ihre dickpelzigen Robusten und die im Kaltstall lebenden und etwas weniger bepelzten Warmblüter im Winter reiten und fahren und auch mal im Galopp über verschneite Wege laufen lassen. Sie müssen nur nach der Arbeit die Pferde gründlich warten, mit Überlegung versorgen und entsprechend der Temperatur und der Arbeit füttern: Dann steht gemeinsamen Winterfreuden absolut nichts entgegen.

Vorratsfütterung

FRAGE

Aus verschiedenen Gründen kann ich leider nur alle zwei Tage nach meinen Aegidienbergern schauen. Da aber meine Weiden knapp sind und ich deshalb die Pferde im Winterhalbjahr nur im Offenstall mit Auslauf halten kann, müssten sie eigentlich zwei Mal täglich gefüttert werden, und eben das geht aus beruflichen Gründen nicht. Nach mehreren Versuchen mit Kindern und Rentnern aus dem Dorf habe ich diese Möglichkeit endgültig aufgegeben.

Kann ich sozusagen auf Vorrat füttern? Und wie?

ANTWORT

Zum Überleben brauchen selbst die genügsamsten Pferde Heu, Wasser und einen Leckstein. Je nach Rasse (hochblütig) und Witterung, aber auch für Fohlen und tragende Stuten empfiehlt sich eine Kraftfuttergabe.

Generell kann man sagen, dass kein Pferd auf Tage im Voraus fressen kann, weil sein Verdauungssystem von Natur aus auf eine ständige, ziemlich regelmäßige, aber geringe Futteraufnahme programmiert ist.

Wenn Sie beruflich so sehr im Stress stehen, dass Sie sich nur selten um Ihre Pferde kümmern können, wäre es besser, für die Aegidienberger neue Besitzer zu suchen, so hart das jetzt auch klingen mag.

Wenn Sie niemanden finden, der wenigstens ein Mal täglich nach den Pferden schauen kann, sollten Sie sich zunächst einmal um einen Einsteller kümmern; dann könnten Sie sich mit dem Besitzer des anderen Pferdes im Stalldienst abwechseln.

Vielleicht aber ist Ihr Zeitproblem nur vorübergehend; dann sollten Sie für die Interimszeit einige kleine bauliche Veränderungen vornehmen, so dass Ihre Pferde im Winter auch mal zwei Tage ohne Aufsicht auskommen.

▶ **Für das Raufutter:**
Raufutter wird von den Pferden nur ganz selten in gefährlichem Übermaß gefressen; deshalb kann man ein Heu-

Ein Gitter aus verzinktem Rohr: Das Heu liegt bereit, ist aber geschützt vor Verunreinigungen.

Strohgemisch durchaus auf Vorrat vorlegen.

Das Hinwerfen des Rauhfutters in eine Stallecke ist aber keine gute Lösung; denn wenn die Pferde das Futter durch Kot und Urin verschmutzen, müssen sie hungern, bis neues Heu vorgeworfen werden kann.

Schaffen Sie also eine Vorrichtung, damit kein Futter verschmutzt oder herumgeschleppt werden kann:

- Preiswert selbst herzustellen mit Dachlatten oder fertig aus verzinktem Rohr zu kaufen ist ein Heugitter, das ca. 80 cm vor einer Wand angebracht wird und so viele Öffnungen hat, wie Pferde im Offenstall wohnen. Hinter der Heuwand lagert auf dem Boden das Heu für mehrere Tage, und die Pferde brauchen nur die Köpfe durch die Öffnungen zu stecken, um fressen zu können. Dort liegt das Heu vor Verschmutzung (Kot, Urin) sicher verwahrt.
- Kann dieses Heugitter nicht direkt vor einer Wand angebracht werden, sondern liegt vor dem Heustock, kann man es auf Rollen bauen und über zwei Schienen verschiebbar machen. Die Pferde können es nur dann näher an das Heu schieben, wenn das vorne liegende Futter aufgefressen ist.
- Eine interessante Lösung vor allem für Rundballen ist die Rundballenraufe ohne oder mit Dach (gut bei Dauerregen), die mitten im Paddock aufgestellt werden kann und wo die Pferde ebenfalls die Köpfe durch Öffnungen stecken.

Achtung:

Bei allen Möglichkeiten der Selbstbedienung sollte unbedingt ein Heu-Strohgemisch vorgelegt werden. Eine reine Heufütterung zur freien Verfügung lässt leichtfuttrige Pferde schnell verfetten.

In unmittelbarer Umgebung der Heu-Selbstbedienung sollte gepflastert werden, damit die Pferde nicht ständig auf weichem (Innenfütterung) oder matschigem Boden (Außenfütterung) stehen. Steht die Rundballenraufe im Sand und werden Heureste herausgeworfen, fressen die Pferde diese Reste mit viel Sand, was zu gefährlichen Koliken führen kann.

Pferde halten sich meist in der Nähe des Futters auf und setzen deshalb den meisten Kot auf dem Pflaster ab, wo man ihn bequem einsammeln kann. Dann bleibt der Auslauf einigermaßen sauber. Das ist wichtig, wenn mehrere Tage kein Mist aufgesammelt werden kann.

▶ **Für das Kraftfutter:**
Pferde können aufgrund ihres Verdauungssystems auch Kraftfutter nicht auf Vorrat fressen. Wenn die Pferde nicht allzu hoch im Blut stehen oder aus anderen Gründen darauf angewiesen sind (Alter, Gesundheit, Wachstum), muss man auf die regelmäßige Gabe verzichten.

Zwei ineinander gestellte Maurerkübel, dazwischen eine Isolierschicht. Der ständige Zu- und Abfluss von klarem Bachwasser hält die Tränke frostfrei.

Eine Gartenteich-Konstruktion mit befestigtem „Ufer" bietet zwei getrennten Gruppen ständig frisches Wasser.

Hat Ihr Offenstall aber Stromanschluss, können Sie über eine Zeitschaltuhr einen Futterautomaten steuern, der vorher festgelegte Mengen Zusatzfutter in die Krippen rieseln läßt. Die Technik ist inzwischen so weit fortgeschritten, dass auch für jedes Pferd (über Spezial-Halsriemen mit Sender) eigene Mischungen und vorbestimmte Mengen gegeben werden können. Wegen der Halsriemen ist allerdings eine tägliche Kontrolle nötig.

▶ **Für das Saftfutter:**
Problematisch bleibt die Verfütterung von Saftfutter. Möhren, Äpfel oder Rübenstücke dürfen niemals für mehrere Tage im Voraus angeboten werden. Wird zu schnell zu viel davon verzehrt, gibt es Durchfall. Saftfutter friert außerdem bei Kälte schnell ein und kann dann schlimme Koliken verursachen.

Ein frostsicheres Wasserfass, das zu jeder Weide mitgenommen werden kann.

▶ **Für das Trinkwasser:**
Ideal, wenn auch nicht überall machbar ist natürlich ein frostsicheres Tränkebecken.

Wenn ein sauberer Bach mit genügend Gefälle am Winterstall vorbeifließt, können Sie Wasser davon mit einem Schlauch in eine Wanne leiten, von wo das überschüssige Wasser wieder in den Bach zurückfließen kann.

Oder die Pferde können an einer geeigneten Stelle an den Bach. Der Untergrund muss dann befestigt werden, sonst versumpft und verschmutzt alles und das Wasser wird unbrauchbar. Inwiefern das Befestigen des Bachufers (auch über einen kurzen Abschnitt) genehmigungspflichtig ist, ist von Bundesland zu Bundesland verschieden.

Steht kein brauchbares Bachwasser zur Verfügung, meinen manche Pferdebesitzer, die Tiere könnten ihren Durst auch mit gefrorenen Grasresten löschen. Diese Feuchtigkeitsmenge reicht aber bei Heufütterung nicht aus. Dann bleibt Ihnen nichts anderes übrig, als ein frostfestes Wasserfass aufzustellen oder eine große Wanne, in die Sie alle zwei Tage ausreichend warmes Wasser nachfüllen.

Bei all diesen aufgeführten Vorschlägen handelt es sich aber um Notlösungen, wenn man wirklich niemanden findet, der jeden Tag füttern kann.

Eine tägliche Kontrolle ist wichtig, denn gerade im engen Winterauslauf kommt es bei spielerischen Rangeleien schnell zu Verletzungen, die möglichst sofort behandelt werden müssen. Auch kann die Wasserversorgung ausfallen (Wanne umwerfen, ins Wasser koten), was bei reiner Heufütterung schnell zu Verstopfungskoliken führt.

Wenn Sie keinen Erwachsenen finden, der bereit ist, wenigstens ein Mal täglich nach den Pferden zu schauen, dann suchen Sie (zum Beispiel per Inserat) einen älteren Schüler, der dafür ein Taschengeld bekommt (Pferde-Sitting).

Wasserversorgung

▶ Heizbare Tränkebecken

Frage

In unserem Stall sind bereits seit Jahren Tränkebecken installiert, die wir bei Kälte abstellen, weil sie sonst einfrieren.

Jetzt wollen wir den Stall erweitern und frostsichere Tränkebecken einbauen. Aber ist es auch möglich, die alten Tränkebecken nachträglich frostsicher zu machen? Und wie funktionieren die Neuen?

ANTWORT

Ist die Stallanlage am Wasser- und Stromnetz angeschlossen, ist eine frostsichere Tränkeanlage relativ einfach zu installieren – allerdings mit erheblichem Kostenaufwand.

Da gibt es die unterschiedlichsten Arten von elektrisch beheizten Tränkebecken (Anschlussleistung je etwa 200 Watt) für Innen- und Außenmontage, die über Thermostate geschaltet und beispielsweise über einen Transformator mit 24 Volt versorgt werden. Teilweise können die Selbsttränken aber auch direkt an das Stromnetz (230 Volt Wechselstrom) angeschlossen werden, vorausgesetzt, dass der für Tierhaltungen vorgeschriebene Fehlerstromschutzschalter (FJ-Schalter) mit einem Nennfehlerstrom von maximal 30 Milliampere (30 mA oder 0,03 A) ebenfalls vorhanden ist und seine Funktionstüchtigkeit überprüft wird.

Soweit wie möglich sollten die Wasserleitungen zu den Tränkebecken durch beheizte Räume, an geschützten Stellen oder im Boden in frostsicherer Tiefe verlegt werden. Aber überall dort, wo die Wasserleitungen mit der Kälte in Verbindung kommen, muss zusätzlich zu einer guten Wärmeisolierung eine Frostschutz-Rohrbegleitheizung installiert werden.

▸ Dazu gibt es im Handel thermostatisch gesteuerte oder aber selbstregelnde konfektionierte Heizkabel zum Selbstverlegen zu kaufen, die direkt um die Wasserleitungen gewickelt werden. Auch hier wieder entweder über einen Transformator an 24 V oder über den FJ-Schutzschalter an das Stromnetz anzuschließen.

Außen um die Wasserleitung verlegte Heizkabel erfordern immer einen Beißschutz und zur guten Wärmeübertragung einen dauerhaften Kontakt durch Alu-Klebebänder.

▸ Eine einfache Lösung dieses Problemkreises ist möglich durch ein Spezial-Heizkabel, das über einen Dichtnippel direkt in das Wasserleitungsrohr eingeführt und vom Tränkwasser umströmt wird. Dünne Rohre und viele Bögen begrenzen allerdings die Kabellänge.

▸ Eine elegante, aber aufwändige Lösung des Frostschutzes bietet die Beheizung der Tränkeanlage mit angewärmtem Wasser aus einer Pumpstation mit Heizflansch und Thermostat, wenn das Wasser über eine Ringleitung zirkulieren kann. Mit einer Heizleistung von zum Beispiel 3000 Watt wird das in der Leitung befindliche Wasser so lange aufgeheizt, bis der einstellbare Thermostat (beispielsweise bei 25 Grad) ausschaltet.

Sind nicht beheizbare (meist alte) Tränkebecken in den Kreislauf eingebunden, wird auch die Ventilmechanik dieser Becken frostfrei gehalten. Bei tieferen Temperaturen (ab ca. –10 Grad) wird jedoch nicht genug Wärme an die Tränkebeckenschale abgegeben, so dass die Zunge in der Schale festfrieren kann. Wird das Eis in der Schale aufgetaut, funktioniert die Tränke wieder einwandfrei. Bei beheizten Tränkebecken kommt man um diese Arbeit herum.

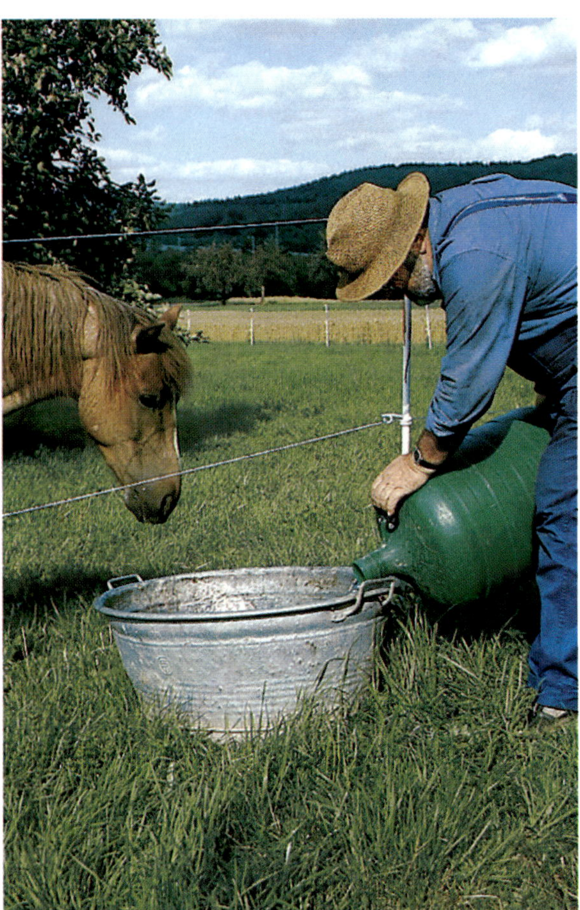

Auch so ist eine Wasserversorgung möglich: Im Winter kann man heißes Wasser nachfüllen, um den zugefrorenen Bottich aufzutauen.

▸ Gegen Vereisung

Frage

Unser Offenstall aus Holz steht am Dorfrand inmitten von Hecken und altem Baumbestand, aber ohne Strom- und Wasseranschluss.

Im Sommerhalbjahr versorgt ein Wasserwagen unsere Ponys; im Winter fahren wir jeden Tag mit einem Kanister voll warmem Wasser zur Koppel, um den Bottich aufzufüllen oder den Rest aufzutauen. Da die Wege nur schlecht geräumt werden und wir kein Allradauto besitzen, ist das alles sehr umständlich. Wissen Sie eine bessere Lösung?

Antwort

Findige Offenstallbesitzer haben die abendteuerlichsten Heizungsmöglichkeiten erfunden, um das schwierig zu beschaffende Trinkwasser für Pferde im Winter vor dem Einfrieren zu schützen. Einige brauchbare und ungefährliche Methoden will ich Ihnen gerne erläutern:

▸ Packen Sie eine Wasserwanne (am besten aus Kunststoff) in eine Holzkiste, die mit Pferdemist gefüllt und mit Stroh dick umwickelt ist. In der Wanne soll ein Kinder-Gummiball schwimmen, damit die Wasseroberfläche einigermaßen offen bleibt, wenn die Pferde beim Trinken den Ball ständig zur Seite schieben müssen. Diese Lösung ist nicht absolut frostsicher, hält aber das Wasser bei geringen Minusgraden offen.

Bei dieser Tränke (hier noch nicht installiert) soll der Ball auch bei großer Kälte stets eine Öffnung freihalten.

▸ Etwas mehr Kälte verträgt eine ähnliche Konstruktion wie die obige, allerdings mit einer wesentlichen Änderung: Trennen Sie im Offenstall eine Ecke mit Brettern brusthoch ab, die gerade so groß ist, dass eine große Wasserwanne hineinpasst. Dann stellen Sie eine zweite kleinere Wanne (beide aus Kunststoff, zum Beispiel verschieden große Maurerkübel) in die erste und füllen den Zwischenraum mit Styropor aus oder schäumen ihn zu. Um diese beiden Wannen schichten Sie außen wieder Pferdemist mit Stroh. Damit die Pferde das Wasser nicht mit Kot und Urin verunreinigen können, bauen Sie davor eine Wand aus Dachlatten, die nur eine V-förmige Öffnung hat (ähnlich wie die Abbildung auf Seite 97), damit die Pferde zum Trinken den Kopf durchstecken, nicht aber hineinkoten können.

▸ Inzwischen gibt es bis zu gewissen Minusgraden frostsichere Wasserwagen, die man natürlich auch im Sommer benutzen kann.

▸ Obwohl man überaus vorsichtig sein muss mit offenen Feuerstellen im oder am Offenstall, so soll dennoch eine bewährte Notlösung vorgestellt werden: Eine gut isolierte Metallwanne wird auf Schwerbetonsteine gestellt und von unten mit einer Gasflamme (Gasflasche) leicht beheizt.

Unbedingt darauf achten, dass weder spielende Kinder noch neugierige Pferdenasen an die Gasflasche oder das offene Feuer gelangen und weder Heu noch Stroh in der Nähe des offenen Feuers lagern oder von Pferden dorthin geschleppt werden können. Außerdem muss das Feuer weitab von Stallteilen aus Holz installiert werden.

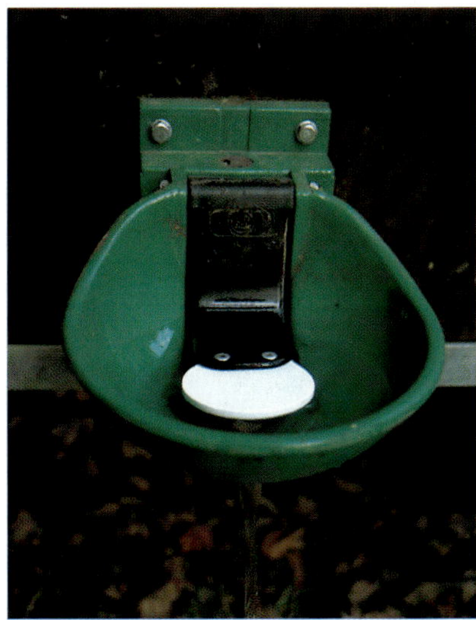

Ein Spezialtränkebecken: Wenn das Pferd die Metallzunge herunterdrückt, wird gleichzeitig der Gummistopfen auf die Abflussöffnung in der Schale gedrückt. Das Wasser staut sich und kann getrunken werden. Lässt das Pferd die Metallzunge los, gibt der hochschnellende Gummistopfen die Abflussöffnung frei – das Wasser fließt ab. Deshalb friert das Ventil nur bei besonders tiefen Kältegraden ein.

Für welche Lösung Sie sich auch entscheiden: Auf jeden Fall muss das Wasser täglich kontrolliert werden. Gerade bei trockener Heufütterung sind die Pferde auf reichlich Flüssigkeit angewiesen.

Wichtig:

Neben der täglichen Kontrolle auf Funktionsfähigkeit muss man Wasserwanne oder Tränken regelmäßig reinigen, damit sie nicht zu einer Brutstätte für Bakterien werden.

Hufschutz im Winter

▶ Im Winter barfuß?

Frage

Meine Natascha erwartet im nächsten Jahr ihr erstes Fohlen. Weil sie bisher im Turniersport (Springen) Eisen mit Stollen brauchte, kommen mir Bedenken, ob sie im Winter überhaupt ohne Eisen gehen kann. Schließlich trägt die Stute seit sechs Jahren ununterbrochen Hufeisen.

Antwort

Gewiss ist das Barfußgehen für Ihr Pferd eine große Umstellung, wenn es bisher Eisen mit Stollen trug. Aber vor dem Abfohlen sollten die Eisen wegen der Verletzungsgefahr für das Fohlen sowieso abgenommen werden. Und weil Natascha wegen der Trächtigkeit selten oder gar nicht geritten wird, kann sie jetzt das Barfußlaufen lernen.Die Hufe können sich vom Beschlagen und dem Erhitzen beim Aufbrennen der Eisen erholen. Die Nagellöcher wachsen heraus, und kein Eisen bremst mehr den natürlichen Abrollmechanismus in der Bewegung.

Der Hufschmied soll die Eisen abnehmen und die Hufe sorgfältig berunden, damit sie nicht ausfransen.

Schauen Sie täglich nach den Hufen und feilen Sie etwa ausreißende Ränder zurecht.

Achten Sie auf doppelt sorgfältige Hufpflege; denn die seit Jahren beschlagenen Hufe neigen zum Ausbrechen und Einreißen. Den Hufen und den Pferdebeinen samt Sehnen, Bändern und Gelenken kommt die eisenlose Zeit nur zugute.

▶ Schneeklumpen unter den Hufeisen

Frage

Jeden Winter taucht das gleiche Problem auf: Eisen abnehmen und selten oder gar nicht reiten oder bei Pappschnee und stolpernden Pferden Angst um Pferdebeine und Reiter ausstehen.

Wie machen´s denn andere Reiter?

Antwort

Unbeschlagene Pferde bewegen sich im Schnee sicher und problemlos. Anders die Pferde mit Eisen; Je nach Außentemperatur und Schneeart verdichtet sich der Schnee unter den Hufen und pappt zu einer festen Masse am Eisen zusammen. Es bilden sich

Der Schneeklumpen links war unter dem Hufeisen festgeklemmt.

dicke „Stollen" unter den Pferdehufen, die von Zeit zu Zeit abfallen und sofort wieder entstehen, so dass die Pferde unsicher gehen und stolpern. Stürze und Sehnenzerrungen können die langwierigen Folgen sein.

Es gibt etliche Möglichkeiten, der Stollenbildung vorzubeugen:

- Die meisten Hufschmiede bieten im Winter einen Eisschutz aus Kunststoff an, der schlauchförmig ist und beim Beschlagen zwischen Huf und Eisen mitaufgenagelt wird. Bei jedem Auffußen wird der Gummischlauch „geknetet", so dass kein Schnee mehr festklumpen kann (Hufgrip).
- Ein anderer Schneeschutz aus einem rundem Kunststoffring mit Klammern kann bei Bedarf eingeklemmt werden (Arktis Aufstollschutz).
- Dann gibt es Kunststoffplatten über die gesamte Hufgröße, die zwischen Huf und Eisen beim Beschlag mitbefestigt werden und die ganze Hufsohle bedecken. Auch hier ist das Festbacken von Schnee kaum möglich.
- Bewährt, wenn auch etwas umständlich ist das Auffüllen der Hufunterseite mit einer Art Wachs. Dazu wird eine Wachsplatte in hufgroße Stücke geschnitten und diese in heißem Wasser geschmeidig und formbar gemacht. Diese warme, nun leicht biegbare Masse wird in den gründlich gesäuberten Hufhohlraum gepresst und erhärtet schnell. Die einzelnen Wachsplatten können über viele Tage am Huf bleiben. Durch leichtes Hebeln mit dem Hufkratzer sind sie jederzeit abzutrennen und nach erneutem Erhitzen wieder verwendbar.

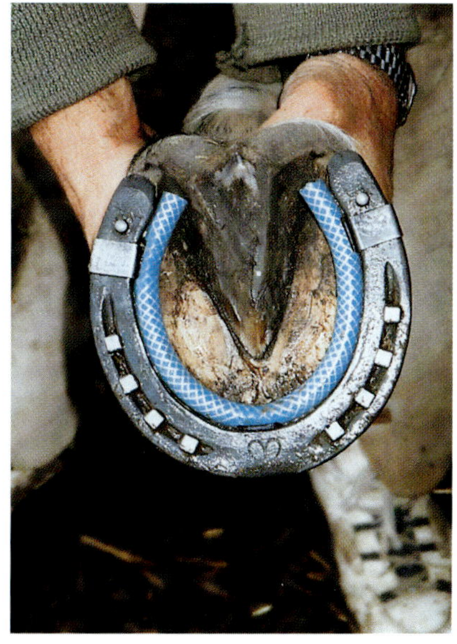

Vorteil des Arktis-Aufstollschutzes: Der Schnee abweisende Plastikring kann bei Bedarf ein- und wieder ausmontiert werden und nutzt sich dadurch wenig ab.

Der Hufgrip wird beim Beschlag mitbefestigt und verhindert das Aufstollen von Schnee.

Mitunter überraschen uns die ersten Schneefälle, bevor die Hufe mit den

Da Plastik keine Kältebrücke bildet, kann sich bei diesem „Hufeisen" kein Schnee festsetzen.

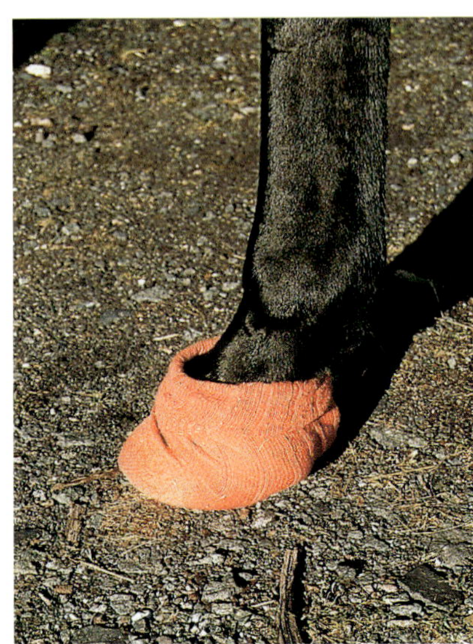

Nur eine kurzfristige Notlösung: ein Strumpf über dem Hufeisen.

Eisen darauf gerüstet sind. Als Sofortmaßnahme haben findige Reiter sich einige Notlösungen ausgedacht:

- Werden die Hufe dick eingefettet, weisen sie den pappigen Schnee über kurze Zeit ab. Einfetten genügt also nur für den kurzen Weg etwa zur Halle, kann aber beliebig oft wiederholt werden. Schwierig bleibt nur das rechtzeitige Erkennen, wann wieder nachgefettet werden muss.
- Zuverlässiger ist ein im Handel käufliches Spray, das zumindest einige Zeit schützt und unterwegs nach Belieben erneut aufgetragen werden kann. Die Dose muss möglichst dicht am Körper getragen werden, damit der Inhalt sprühfähig bleibt.
- Bei nicht allzu großen Pferdehufen kann man dicke Strümpfe (beispielsweise Tennissocken) über die Hufe ziehen. Im weichen Schnee auf ebenem Boden halten diese Hilfsmittel erstaunlich lang.
- Tücher, alte Lappen oder Säcke um den Huf gewickelt verhindern ein Ausgleiten auf Eis und das Festklumpen von Schnee. Das bleibt allerdings ein zeitraubender Notbehelf, denn die Tücher rutschen leicht vom Huf, und das Pferd kann darüber stolpern.

Irgendeine dieser vorgeschlagenen Möglichkeiten wird Ihnen hoffentlich weiterhelfen.

Hufeisenersatz

Frage

Ganz ohne Schutz kommt mein Amigo leider nicht aus. Wir müssen auf dem Weg zu herrlichen Reitwegen etliche Straßen und befestigte Feldwege passieren. Auf der

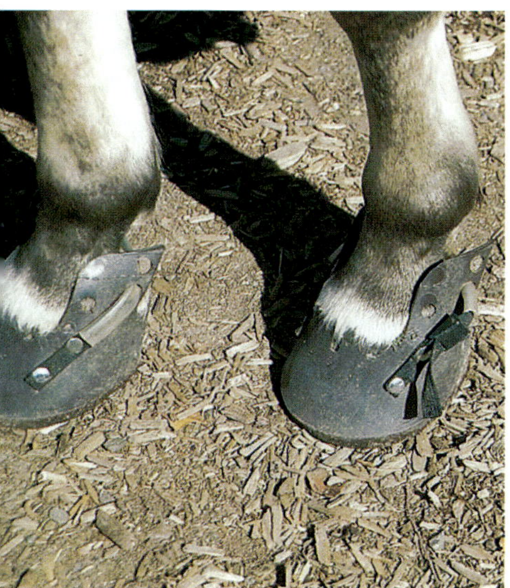

Kunststoff-Hufschuhe verhindern ebenfalls das Aufstollen.

Koppel oder im Auslauf dagegen soll er im Winterhalbjahr barfuß laufen. Nun dachte ich an Hufschuhe, die man vor jedem Ausritt anziehen kann.

Haben sich diese bewährt? Und wie werden aufklebbare Huf„eisen" beurteilt?

Antwort

Anziehbare Hufschuhe werden schon seit Jahren bei allen Wetterlagen mit Erfolg verwendet. Zwar sind die Anschaffungskosten hoch, aber sie halten sehr lange, weil sie ja nur zum Reiten oder Fahren getragen und deswegen kaum so beansprucht werden wie Hufeisen.

Es dauert allerdings lange, bis man das Anziehen der Hufschuhe beherrscht. Schnallt man sie zu locker, verliert man sie oft, vor allem bei schnellen Gangarten. Werden die Schnallen aber aufs Äußerste angespannt, kann es zu Druck- und Reibestellen kommen. Abhilfe schafft eventuell eine Innenpolsterung mit Schaumstoff oder das Anziehen von Tennissocken am Huf, bevor der Hufschuh angezogen wird.

Leider kann es bei matschigem Untergrund und bei schnellen Gangarten vorkommen, dass man die Hufschuhe verliert. Deshalb haben findige Hersteller Hufschuhe mit einem Klettband versehen, das den abgeglittenen Schuh am Fesselgelenk festhält, so dass man ihn wieder anziehen kann.

Anklebbare Hufschuhe können auch bei Sumpf und schnellen Gangarten nicht abgestreift werden. Der Kleber hält auch bei Frost und Hitze. Aber diesen Hufschutz kann leider nicht jeder Schmied anpassen. Und im Vergleich zu Hufschuhen nutzen sie sich schnell ab, weil sie ja bis zur nächsten Beschlagsperiode dauerhaft am Pferdefuß bleiben.

Über die Rutschfestigkeit der Hufschuhe und der aufklebbaren „Hufeisen" auf nassem, kurz geschnittenem Gras, Asphalt, leicht vereisten Wegen oder holzgepflastertem Stallboden ohne dicke Einstreu streiten sich die Benutzer. Das kommt nicht zuletzt auf die Trittsicherheit des jeweiligen Pferdes an und auf dessen Art, den Huf auf den Boden zu setzen.

Schlusswort

Bevor Sie bei Problemen große Veränderungen planen und erheblichen Aufwand und Kosten auf sich nehmen, bedenken Sie, dass es für fast alles mehrere Lösungsmöglichkeiten gibt.

Nicht die preiswerteste, nicht die teuerste Lösung ist die richtige, sondern nur die, die zu Ihrer persönlichen Situation passt.

Es ist kein Zeichen von Schwäche, im Freundeskreis um Rat zu fragen und nachzuhaken, wenn man etwas nicht gleich verstanden hat.

Forschen Sie in Fachzeitschriften und Büchern und schauen Sie sich von großen Stallanlagen bis zu kleinen Offenställen alles an.

Werden Sie experimentierfreudig, solange es nicht zur Tierquälerei oder gefährlich für Zwei- und Vierbeiner wird.

Vielleicht finden gerade Sie noch viel bessere Möglichkeiten, praktischere Ideen.

Dann teilen Sie sie mir bitte mit, damit Ihre Vorschläge bei einer Neuauflage dieses Buches berücksichtigt werden und wiederum anderen Ratsuchenden weiterhelfen.

Kosmos-InfoLine – Fragen Sie die Autorin
Marlit Hoffmann züchtet auf ihrem Hof in Hessen Connemara-Ponys, gibt Kurse, organisiert Ponyfeste und Reiterrallyes, ist Mitarbeiterin der Zeitschrift „Freizeit im Sattel“, FN-Ausschussmitglied für Allround-Wettbewerbe und Autorin mehrerer Bücher.

Sie können sich mit Ihren Ideen, Fragen und Problemen an sie wenden.
Schreiben Sie an die Kosmos-InfoLine:

Kosmos-Verlag
InfoLine Pferde
Postfach 10 60 11
70049 Stuttgart

Service

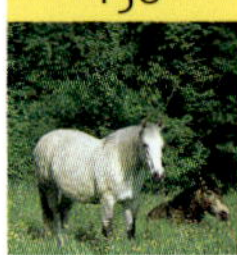

Service

Zum Weiterlesen

Bartz, Jürgen:
Bis der Tierarzt kommt
Stuttgart 1996

Bender, Ingolf:
Praxishandbuch Pferdefütterung
Stuttgart 2000

Bender, Ingolf:
Praxishandbuch Pferdehaltung
Stuttgart 1999

Gohl, Christiane:
Was der Stallmeister noch wußte
Stuttgart 1998

Hawcroft, Tim:
Kosmos Lexikon der Pferdekrankheiten
Stuttgart 1998

Schulze, Sigrid
Pferdehaltung rund ums Jahr
Stuttgart 1997

Stupperich, Alexandra:
Handbuch Pferdeweide
Stuttgart 1998

Bildnachweis: Die meisten der 166 Farbfotos und die Zeichnungen stammen von Marlit Hoffmann, dazu: F. v. Döring: 2/3; H. Streitferdt: 114; C. Slawik: 1, 7, 46.

Umschlaggestaltung von Friedhelm Steinen-Broo, eSTUDIO CALAMAR, unter Verwendung eines Fotos von Christiane Slawik, Würzburg (Hauptmotiv), und zwei Fotos von Marlit Hoffmann

Die Deutsche Bibliothek – CIP-Einheitsaufnahme
Ein Titelsatz für diese Publikation
ist bei der Deutschen Bibliothek erhältlich

ISBN 3-440-07241-X
Lektorat: Sigrid Eicher
Grundlayout: Friedhelm Steinen-Broo,
eSTUDIO CALAMAR
Herstellung: Buch & Konzept, Annegret Wehland, München
Satz: Bernd Walser Buchproduktion, München
Reproduktion: Litho Art, München
Printed in Czech Republic
Druck und Bindung: Těšínská Tiskárna, a. s., Český Těšín

Register

Erlebnis Reiten

Praxisnah, informativ und leicht umzusetzen

Was tun, wenn das Pferd

- sich nicht auftrensen lässt?
- beim Aufsitzen nicht still steht?
- zackelt, buckelt, durchgeht und überhaupt macht, was es will?

Ihre oft überraschenden, aber immer erfolgreichen Tipps hat Marlit Hoffmann aus eigener reiterlicher Praxis und aus den Erfahrungen in der Freizeitreiter-Szene entwickelt und in diesem Buch vereint. Ihre Tipps sind praxisnah und leicht umzusetzen. Zu jeder Frage werden mehrere Lösungsvorschläge angeboten.

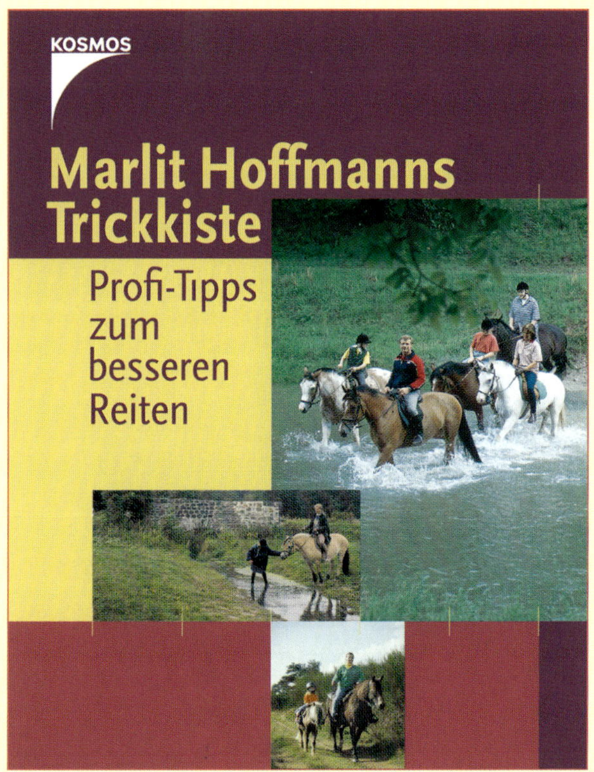

Marlit Hoffmann
Marlit Hoffmanns Trickkiste

126 Seiten
134 Abbildungen

ISBN 3-440-07241-X